월 1,000 버는
꼬마빌딩
잘 사서
잘 짓는 법

월 1,000 버는 꼬마빌딩 잘 사서 잘 짓는 법

따라하면
임대수익이 따라오는
꼬마빌딩 투자

김인만·이은홍 지음

원앤원북스

누구나 꼬마빌딩 전문가가 될 수 있다!

『나도 꼬마 빌딩을 갖고 싶다』에 이어 『월 1,000 버는 꼬마빌딩 잘 사서 잘 짓는 법』이 빛을 보게 되었다. 꼬마빌딩 주인의 꿈이자 궁극적인 목표인 월세 1천만 원을 위해, 반드시 알아야 할 꼬마빌딩 건축과정과 노하우를 담아 이 책을 집필했다.

신축(新築) 꼬마빌딩은 손댈 것이 없어 관리 편의성이 좋고, 임차인 선호도가 높아 공실률이 낮으며, 수익률이 높다는 장점이 있다. 하지만 건축비와 건축주 마진이 반영되어 있어 가격이 높다. 반대로 구축(舊築) 꼬마빌딩은 건물가치가 감가상각되어 건물가격이 낮게 평가되기 때문에 꼬마빌딩 가격이 다소 낮다는 장점이 있지만 건물 노후화에 따른 하자 수리와 공실 문제가 있다. 신축 꼬마빌딩의 장점인 관리 편의성과 구축 꼬마빌딩의 장점인 가격, 이 두 마리 토끼를 잡을 수 있는 방법이 바로 꼬마빌딩을 짓는 것이다.

꼬마빌딩을 짓는 과정은 사업성 판단, 건축계획, 토지 매입 등 토지 매입단계와 시공사 선정 및 도급 계약, 설계사무소 계약 및 설계, 건축허가, 멸실신고, 착공신고 등 건축 준비단계, 그리고 철거, 측량, 지정공사, 골조공사, 외벽공사, 설비공사, 창호공사, 미장공사, 목공사, 수장공사와 사용승인까지의 건축단계로 구분된다.

이 책은 꼬마빌딩을 건축하면서 이런 각 건축단계별 내용과 주의사항을 설명해준다. 물론 이 책이 전문적인 건축책은 아니다. 건축에 대한 모든 이론과 전문지식이 담겨 있지는 않다. 하지만 꼬마빌딩 건축을 진행하고 있거나 준비하고 있는 분들 또는 건축을 꿈꾸고 있는 분들이라면 꼭 알아야 할 꼬마빌딩 건축과정과 노하우를 담았다.

이렇듯 꼬마빌딩을 짓고 싶지만 자신이 없고 용기가 부족해 망설이는 미래의 꼬마빌딩 건축주를 위해 이 책이 나오게 되었다. 책 속의 주인공인 나건축 씨가 꼬마빌딩을 건축하는 과정을 따라가다 보면 어느덧 꼬마빌딩 건축의 전문가가 되어 있는 자신을 발견할 수 있을 것이다.

이 책이 세상에 나올 수 있게 도움을 주신 원앤원북스에 감사드리고, 사랑하는 부인과 두 딸 민지, 현지 그리고 부모님과 장모님께 감사드리며, 마지막으로 하나님께 이 영광을 돌린다.

김인만

부동산이라는 거대한 축과 함께 경주하며 달려온 지 15년의 세월이 흘렀다. 수요와 공급, 부동산 정책에 따라 가격이 변화했고 투자심리에 따라 시세가 형성되는 분위기를 경험했다. 이렇게 부동산 시장의 유기적 흐름에 반응하며 고난과 고민의 시간도 있었지만 재미있고 흥분되는 시간이 더 많았기에 부동산의 매력에 빠졌는지도 모르겠다.

2016년에 김인만 소장과 공동 집필한 『나도 꼬마 빌딩을 갖고 싶다』에 이어 꼬마빌딩을 직접 짓고 싶어 하는 분들을 위한 이 책이 세상에 나오게 되었다. 실제 건축현장에서의 생생한 경험을 살려 건축과정에서 꼭 알아야 하는 지식을 꼼꼼히 담았다.

건축주가 아무것도 모르는 상태에서 건축업자에게만 맡기면 부실공사나 공사비 부풀리기가 있어도 알기 어렵다. 또 뭔가 물어봐도 제대로 알려주지 않을뿐더러 인터넷 검색으로도 한계가 있다.

그동안 건축회사와의 갈등으로 어려움을 호소하거나 문제가 생겨 피해를 본 건축주들의 상담 내용을 들으면서 안타까움을 많이 느꼈다. 그래서 건축에 대한 지식을 쉽게 풀어 쓴 책이 있으면 좋겠다는 생각을 하게 되었다. 이 책을 읽는 독자들에게 건축을 하면서 건축현장에서 실제로 발생했던 다양한 문제점과 그 해결과정에서 느낀 점이 전해진다면 분명 큰 도움이 될 것이라 확신한다.

이 책은 건축 전문서적이나 건축 교과서가 아니기 때문에 보는 관점에 따라 부족하다고 생각할 수도 있다. 그렇지만 현장의 생생한 경험이 녹아 있는 만큼, 꼬마빌딩 건축에 관심이 있는 분들에게 도움을 주는 유용한 참고서가 되면 좋겠다.

항상 현장에서 발로 뛰며 기본에 충실한 실무 전문가로 남을 것을 마음속으로 다짐해본다. 계속 공부하고 노력해야 하는 시간들을 견딜 수 있었던 것은 주변에서 도움을 주신 분들 덕분이다. 어렵고 힘들 때 응원해주신 김인만 소장님, 정명선 님, 푸르덴셜생명 유희 이사님, 건축에 큰 도움을 주신 김원규 대표님, 문수성 건축사님과 노영미 건축주님께 감사드린다. 또 좋은 책을 발간할 수 있게 해주신 원앤원북스에도 감사의 마음을 전하고 싶다. 변함없이 항상 옆을 지켜준 아내와 세 아들 현수, 건수, 진수, 항상 기도해주시는 부모님과 장인·장모님께 존경과 감사의 인사를 드리며 마지막으로 하나님께 영광을 올린다.

이은홍

차례

3장. 꼬마빌딩 건축하기

4장. 꼬마빌딩 건축 필수지식

부록. 꼬마빌딩 건축 TIP

꼬마빌딩을 갖고 싶다는 꿈을 안고 꼬마빌딩을 찾아 나선 나건축 씨. 신축 꼬마빌딩을
사자니 가격이 너무 비싸고, 오래된 빌딩을 사자니 가격은 맞지만 관리하기 힘들 것 같아
고민이 많아진다. 토지를 사서 건축을 하면 신축 꼬마빌딩보다 가격 면에서 유리하고
오래된 빌딩보다 관리 면에서도 유리할 텐데, 토지는 어떻게 구입하고 건축은 어떻게 해야
할지 모르겠다. 이 장에서는 꼬마빌딩 건축에 대해 아무것도 몰랐던 나건축 씨가
건축계획을 수립해 사업성을 판단하고 최적의 토지를 매입하는 과정을 살펴보자.

1장

꼬마빌딩 토지
매입하기

꼬마빌딩 짓기,
더 이상 꿈이 아니다

올해 50세인 나건축 씨는 강남에 거주하며 대기업에 근무하고 있고 대학생 자녀를 둔 평범한 직장인이다. 그동안 자녀를 키우고 공부시키느라 모아둔 돈도 넉넉하지 않은데 이번에 자녀가 대학교에 들어가면서 학비 문제로 노후 준비는 꿈 같은 이야기가 되었다. 정년퇴직까지 5년 정도 남아 있지만 정년까지 근무를 할 수 있을지 알 수 없는 불안한 현실에 그의 마음은 점점 더 무거워지고 있다.

그러던 어느 날 나건축 씨는 회식 자리에서 회사 후배인 김 부장의 말을 듣고 큰 충격에 빠졌다. 5년 전 보유하고 있던 아파트 2채 중 1채를 팔고 그동안 모아둔 돈까지 합쳐 10억 원의 자금과 대출 4억 원을 활용해 송파구 삼전동에 매매가 15억 원, 보증금 1억 원 / 월세 600만 원인 다가구 주택을 구입해 꼬마빌딩의 주인이 되었다는 것이다. 김 부장은 월세 600만 원에서 대출이자 150만 원을 제외하고도 450만 원이나 되는 돈을 매달 꼬박꼬박 받고 있었다. 더군다나 지하철 9호선 연장공사가 진행되면서 매매가격도 덩달아 올라 5년 만에 5억 원이 넘는 시세차익까지 얻었다고 한다.

이런 김 부장의 이야기를 듣고 나서 나건축 씨는 집 한 채 장만한 것 말고 열심히 일만 했지, 그동안 뭐하고 살았나 하는 자괴감에 한숨도 못 자고 뜬눈으로 밤을 지새웠다. 그렇게 며칠간 고민한 나건축 씨는 이대로는 도저히 안 될 것 같다는 생각에 자신도 꼬마빌딩의 주인이 되기로 결심했다.

우선 거주하던 강남구 삼성동 A아파트 192m²는 전세를 주고, 받은 전세금 15억 원 중 5억 원으로 이사를 가기로 했다. 직장이 있는 가산디지털단지역과 가깝고 강남으로 쉽게 갈 수 있는 데다 지하철 7호선을 이용할 수 있는 광명시 철산동 B아파트 102m² 크기의 집이다. 그리고 남은 10억 원의 종잣돈을 활용해 월세 임대수익이 나오면서 지가(地價) 상승으로 투자수익까지 두 마리 토끼를 잡을 수 있는 꼬마빌딩을 마련하려고 한다.

강남에 있는 192m² 크기의 아파트에 거주하다가 광명시 102m²의 집으로 이사를 하니 강남과 멀고 좁아서 불편하다는 가족들의 불만이 많았다. 하지만 언제까지 대기업을 다닐 수 있을지 모르니 행복한 노후를 준비하기 위해 현재의 불편함을 참아보자고 가족을 설득했다. 이제 10억 원으로 서울에 있는 꼬마빌딩을 찾기만 하면 되었다. 그런데 막상 꼬마빌딩을 사려고 현장조사, 즉 임장(臨場) 활동을 나서보니 생각과는 너무나 다른 현실이 나건축 씨를 기다리고 있었다.

나건축 씨는 강남구 논현동 대지면적 200m², 건축연도 1년밖에 되지 않은 신축 꼬마빌딩을 먼저 보았다. 깨끗한 신축이다 보니 임대료는 보증금 1억 원/월세 800만 원으로 좋은 편이었지만 매매가격이 35억 원으로 너무 높아서 살 엄두가 나지 않았다. 신축이어서 관리가 편하고 월세를 높게 받을 수 있는 것은 좋았지만 아무리 저금리 시대라 해도 20억 원이 넘는 대출은 너무 부담스러웠다.

대출을 줄이기 위해 역삼동 대지면적 180m², 건축한 지 20년이 지난 구축 다가구주택으로 눈을 돌렸다. 구축 주택의 매매가격은 25억 원, 임대료는 보증금 1억 원/월세 600만 원으로 수익률은 3% 수준이었다. 강남권에서 높은 수익률을 기대하기는 어렵기에 이 부분은 이해할 수 있었다. 그러나 건축연도가 20년이 지난 구축이다 보니 하자 관리를 생각하지 않을 수 없었고, 무엇보다 골목 안 끝자락에 위치한 입지가 마음에 들지 않았다.

향후 미국의 금리 인상과 그에 따른 우리나라의 금리 인상 가능성을 감안해 대출금액을 줄여보자는 마음에, 이번에는 강남 3구인 송파구로 눈을 돌렸다. 대지면적이 145m²로 조금 작은 편이라서 아쉬웠지만, 폭이 10m인 도로변에 위치해 있고 매매가격이 18억 원으로 부담이 적은 데다 임대료가 보증금 8천만 원/월세 600만 원으로 수익률이 4%가 넘는 것은 마음에 들었다. 하지만 건축연도가 30년이 넘은 점이 마음에 걸렸다. 10년 전에 리모델링을 했다고는 하지만 그래도 30년이 넘어서 향후 관리가 걱정되었다. 게다가 매매가격을 대지면적 3.3m²당 가격으로 계산해보니 3.3m²당 4천만 원이 넘는 것이 아닌가. 역삼동 다가구주택과 땅값으로는 별반 차이가 나지 않았다.

　나건축 씨는 이후에도 계속 괜찮은 꼬마빌딩을 찾아보았지만 현실의 벽은 높았다. 깨끗한 신축 꼬마빌딩을 좋은 가격으로 가지고 싶다는 생각을 떨칠 수가 없어서 결국 꼬마빌딩을 건축하기로 했다. 그러나 토지 매입은 어떻게 해야 할지, 건축은 어떻게 하는 것인지 아는 것이 하나도 없었다. 건축업자에게 맡기자니 건축비용을 과도하게 청구하거나 부실공사가 발생할까 봐 엄두가 나지 않았다. 그런데 처음부터 잘하는 사람이 어디 있겠는가? 나건축 씨는 결국 건축계획부터 토지 매입, 건축공사까지 한번 직접 부딪혀보기로 결심했다. 이제부터 나건축 씨와 함께 꼬마빌딩을 짓는 여정을 따라가보도록 하자.

왜 꼬마빌딩을
지어야 할까?

몇 년 전만 하더라도 꼬마빌딩은 흔히 자산가들이나 투자하는 것이라고 생각했다. 하지만 최근에는 꼬마빌딩을 가질 수 있다는 꿈을 가지는 사람들이 점점 더 늘어나고 있다. 꼬마빌딩이 뜨거운 관심을 받게 된 건 나 건축 씨와 같이 불안한 노후와 평균수명 증가로 인해 안정적인 임대수익을 원하는 사람들이 많아졌기 때문이다. 그래서 꼬마빌딩 수요자가 크게 늘어난 것이다. 사람들이 왜 꼬마빌딩을 가지려고 하는지 그 이유를 생각해보고, 꼬마빌딩을 구입하는 것과 건축하는 것 중 무엇이 더 유리한지 알아보도록 하자.

임대수익이 필요한 수요는 점점 더 늘어난다

최근 한 증권사에서 노후 준비와 관련된 설문조사를 한 적이 있다. 여기서 응답자의 14.5%는 노후 준비를 잘하고 있다고 답했다. 14.5%를 제외한 나머지 85.5%, 즉 대부분의 사람들은 노후 준비가 제대로 되어 있지 않다는 뜻이다. 평균수명이 높아지면서 얼마나 많은 노후자금이 필요한지도 가늠하기 어려운 불확실한 시대다. 물론 돈이 많다고 행복한 것은 아니지만, 필요한 돈이 없으면 불행해지기 쉽다. 퇴직 후 수입은 줄어드는 데 반해 이미 늘어난 허리끈을 줄이기는 쉽지 않은 일이다. 어쩌면 대부분의 사람들은 퇴직 전에 일했던 시간보다 퇴직 후 일해야 하는 시간이 더 길 수도 있다. 예전에는 자식들이 부모를 봉양했지만 이제는 자기 입 하나 풀칠하기 어려운 자녀들을 도와주지는 못할망정, 자녀에게 기댄다는 것은 생각하기 어렵다.

예전처럼 금리가 높았던 시절에는 종잣돈을 은행에 예금하고 이자로 생활하는 사람이 많았다. 하지만 요즘 같은 저금리 시대에는 은행 예금으로 수익을 얻는다는 건 꿈도 못 꾼다. 아래 표에서 보듯이 예금금리가 10%였을 때는 10억 원을 은행에 넣어두기만 해도 월 800만 원이 넘는 이자수익을 얻었지만 지금은 이자가 월 160만 원 정도(예금금리가 2%일 때)

| 예금금리에 따른 이익과 수익형 부동산 수익률

투자금	이익		
	예금금리 10%	예금금리 2%	수익률 5%
10억 원	월 830만 원	월 166만 원	월 420만 원

밖에 되지 않는다.

　반면 수익률이 5%인 임대수익형 부동산에 투자하면 월 400만 원이 넘는 이익을 얻을 수 있다. 그래서 저금리 시대에는 임대수익이 나오는 부동산에 관심을 가질 수밖에 없다. 월 250만 원의 수익을 얻으려면 은행에 15억 원은 넣어두어야 하는데 이는 말이 되지 않는다. 결국 예금금리가 3.5% 이상 큰 폭으로 상승하지 않는 한 임대수익형 부동산에 대한 수요는 앞으로도 꾸준히 늘어날 것이다.

꼬마빌딩이 수익형 부동산의 왕이다

꼬마빌딩뿐만 아니라 아파트, 오피스텔, 상가점포, 빌라, 분양호텔 등 월세가 나오는 임대수익형 부동산은 많다. 하지만 그중에서도 꼬마빌딩이 수익형 부동산의 왕이라고 할 수 있다. 부동산의 가치는 결국 땅에 있기 때문이다.

　건물은 30~40년이 지나면 감가상각이 되어 가치가 0이 되지만 땅의 가치는 시간이 지날수록 올라간다. 물론 아파트, 오피스텔, 상가점포 등도 땅(대지지분)을 가지고는 있지만 꼬마빌딩과 비교하면 그 비중이 낮다. 특히 서울 등 도시지역의 땅은 희소가치가 더 높다. 또 주인 세대가 거주할 수 있는 3룸으로 설계한 꼬마빌딩은 거주 문제까지 해결할 수 있기 때문에 주거와 임대수익이라는 두 마리 토끼를 모두 잡을 수 있다. 그런 점에서 꼬마빌딩이 제일 효율적인 임대수익형 부동산이라고 하는 것이다.

이왕이면 신축이 좋다

꼬마빌딩이 가장 뛰어난 임대수익형 부동산이라면 이미 완공된 꼬마빌딩을 구입하는 것이 좋을까, 노후화된 단독주택을 구입한 후에 새로운 꼬마빌딩을 짓는 것이 좋을까? 과연 꼬마빌딩을 건축하기로 한 나건축 씨는 올바른 선택을 한 것일까?

정답이 정해져 있는 것은 아니고 각각 장단점이 있다. 완공된 꼬마빌딩을 구입하게 되면 이미 완공된 상태의 꼬마빌딩을 보고 판단할 수 있으며 건축과정 중에 받는 스트레스에서 자유로울 수 있다. 하지만 원하는 구조나 자재를 선택할 수 없고 건축주 마진이 포함된 다소 높은 구입가격을 지불해야 하는 단점이 있다.

아마 대부분의 꼬마빌딩 예비 건물주들은 완공된 꼬마빌딩을 구입하는 방향으로 생각하고 있을 것이다. 건물을 짓는다는 건 말처럼 쉬운 일이 아니다. 게다가 아무것도 모르는 상태에서 자칫 비양심적인 시공자를 만나면 과도한 공사비용을 내야 하거나, 부실공사로 건축한 후 몇 년이 지나 건물에 누수 등의 하자가 발생하면 크게 고생할 수 있기 때문이다.

하지만 건축과정에 대한 기본적인 지식을 알고 있다면 이야기가 달라진다. 건축과정에서 조금 고생할 수는 있지만 자신이 원하는 구조와 자재를 선택할 수 있고, 건축비를 과도하게 덤터기 쓸 일도 없으며, 시공사 마진에 대한 이익도 얻을 수 있어서 유리한 점이 많다.

다음의 표를 보자. 동일하게 서울 내 제2종 일반주거지역에서 대지면적 140㎡(대략 42평)에 완공된 꼬마빌딩을 구입하는 경우와 건축하는 경우를 비교해보면, 편의상 세금과 각종 비용은 고려하지 않은 단순 계산

| 서울 내 제2종 일반주거지역 꼬마빌딩 구입과 신축 비교

구분	구입	신축
대지면적	140m²(대략 42평)	140m²(대략 42평)
연면적	317m²(대략 96평)	317m²(대략 96평)
매매가	18억 원	
토지 매입비		11억 원
건축비		4억 8천만 원(96평×500만 원)
투자비	18억 원	15억 8천만 원

이지만 신축이 13% 정도 더 저렴하다는 것을 알 수 있다.

물론 건축을 해본 사람이라면 알겠지만 이 정도 건축 마진이 결코 과하다고 생각하지 않을 만큼 꼬마빌딩 건축은 스트레스도 많고 힘든 과정이다. 하지만 세상에 돈 벌기가 어디 쉬운 일인가? 충분한 지식을 가지고 제대로 한다면 꼬마빌딩 건축도 결코 두렵기만 한 일은 아니다.

그럼 이제부터 나건축 씨가 힘든 건축과정을 어떻게 헤쳐나가는지 살펴보도록 하자.

건축비용은 얼마나 들까?
포괄 건축계획 수립하기

포괄 건축계획은 자신이 보유한 자금으로 대출을 받아 건축이 가능한지, 가능하다면 얼마 정도의 가격과 얼마나 큰 면적의 토지를 알아봐야 할지 방향을 설정하는 단계다. 이렇게 방향을 설정하면 총 투자금액과 필지에 대한 밑그림을 그릴 수 있게 된다.

꼬마빌딩을 건축하기로 마음먹은 나건축 씨는 자신이 가진 돈으로 꼬마빌딩 건축이 가능한지, 가능하다면 서울 어느 지역에 면적은 얼마나 큰 토지를 매입해야 하는지, 대출을 얼마 정도 받아야 하는지에 대한 포괄 건축계획을 세워보기로 했다.

나건축 씨의 포괄 건축계획

아래 표에서 보듯이 나건축 씨의 보유자금은 10억 원이다. 대출을 받지 않으면 좋겠지만 현실적으로 서울에서 대출을 받지 않고 10억 원으로 토지를 매입하고 건축까지 하는 것은 불가능에 가까울 정도로 어려운 일이다. 따라서 토지 매입과 건축비용에 대해 50% 정도로 자기자본을 넘지 않는 수준의 대출을 받도록 계획을 잡았다.

　아직 정년퇴직까지 5년 정도는 남았으니 월급을 최대한 모으고, 건축 후에 받는 임대료(월세)로 대출이자와 원금을 상환할 생각이다. 통상적으로 토지는 감정평가액의 60~70% 정도, 건축비용은 40~50% 정도의

| 나건축 씨의 포괄 건축계획

구분	계산	비고
보유자금	10억 원	
대출금액	토지 매입비 50% 건축비용 50%	
투자금액	보유자금 + 대출금액	
3.3m²당 건축비	500만 원	연면적 기준
예상 용적률	200%	서울 제2종 일반주거지역
건축비	토지면적 × 200% × 500만 원	건축연면적(토지면적×용적률)× 3.3m²당 건축비
토지 매입비	토지면적×3천만 원	서울 도심 평균가격
총 투자금액	토지면적×4천만 원	건축비 + 토지 매입비 =(토지면적×200%×500만 원) + 　(토지면적×3천만 원)
가능 토지면적	165m²(50평) 이하	토지면적 = 총 투자금액/4천만 원

대출이 나오는데 계산은 항상 보수적으로 하는 것이 좋으니 토지와 건축비용 모두 40~50% 정도 대출을 받는 것으로 잡았다. 이렇게 해서 나건축 씨의 투자금액은 보유자금 10억 원, 그리고 토지 매입비와 건축비의 50% 정도 또는 그 이하의 대출금이 된다.

물론 이런 대출금액은 완공 후 임대보증금을 올려서 상환할 수도 있고 임대료(월세)를 받아서 이자와 원금을 낼 수도 있으므로, 건축을 하는 단계에서 꼭 필요한 적절한 대출을 받는 것까지 너무 부담을 가질 필요는 없다. 다만 자기자본을 초과한 무리한 대출은 향후 금리 인상이 발생할 경우 리스크가 높아지고 수익성을 떨어뜨리는 원인이 될 수 있어 가급적 대출은 자기자본을 넘지 않는 것이 좋다.

서울에서 꼬마빌딩 건축비용은 $3.3m^2$당 450만~500만 원 정도 되는데 여유 있게 500만 원으로 가정해보자. 물론 400만 원 초반대로 건축할 수도 있지만 날림 부실공사의 원인이 될 수도 있기에 지나치게 싼 건축비만 고집하면 안 된다. 철근자재, 정화조, 하수도관, 외벽 등에서 건축비를 얼마든지 낮출 수 있지만 잘못하면 완공 후 관리비용이 더 발생할 수도 있다.

흔한 주택가의 용도지역은 제2종 일반주거지역인 경우가 많으므로 제2종 일반주거지역이라고 가정하자. 서울 제2종 일반주거지역의 용적률은 200%다. 건축연면적(토지면적×용적률)에 $3.3m^2$당 건축비를 곱하면 총 건축비가 산정된다.

건축비 = 건축연면적(토지면적×용적률)×$3.3m^2$당 건축비
       = 토지면적×200%×500만 원

토지 매입비는 토지면적, 토지의 입지, 주변 환경, 모양 등에 따라 천차만별인데, 통상적으로 제2종 일반주거지역 기준으로 강남은 $3.3m^2$당 3,500만~4,500만 원, 서울 도심은 3천만~4천만 원, 강북은 2천만~3천만 원 정도로 생각할 수 있다. 물론 강북도 입지가 좋으면 $3.3m^2$당 4천만 원이 넘을 수도 있다. 요즘 강남에서 $3.3m^2$당 3,500만 원 이하의 땅을 찾기는 하늘의 별 따기만큼 어렵지만, 일반적인 가격은 이 정도라고 이해하면 되겠다.

포괄 건축계획을 세워보는 것이니 대략 $3.3m^2$당 3천만 원으로 가정하면 토지 매입비는 토지면적×3천만 원이 된다.

토지 매입비 = 토지면적×$3.3m^2$당 토지가격

= 토지면적×3천만 원

자, 이제 건축비(토지면적×200%×500만 원)와 토지 매입비(토지면적×3천만 원)를 합하면 꼬마빌딩을 짓기 위한 총 투입자금이 나온다.

총 투입자금 = 건축비 + 토지 매입비

= 토지면적×4천만 원

총 투입자금이 보유자금(10억 원)과 대출금액(최대 10억 원)을 넘으면 안 되므로 나건축 씨는 총 투입자금 20억 원 이내에서 토지 매입비와 건축비를 충당할 수 있는 토지를 찾는 것이 관건이다. 이 정도로 하려면 서울의 제2종 일반주거지역에 $3.3m^2$당 3천만 원 정도, 50평($165m^2$) 또는 그 이하인 토지를 찾아야 할 것이다.

　3.3㎡당 건축비는 거의 고정되어 있고 괜히 건축비를 아끼려다 부실공사가 될 수 있기 때문에 건축비보다는 토지가격과 면적으로 조절해야 한다. 3.3㎡당 토지가격을 낮추면 토지면적을 더 넓힐 수 있고, 3.3㎡당 토지가격이 올라가면 토지면적을 더 줄여야 한다. 토지면적이 늘어나면 늘어난 건축연면적만큼 건축비용도 증가하기 때문에 보유자금과 대출 금액에 맞춰서 입지, 주변 환경 등을 고려한 최적의 토지를 찾아야 할 것이다. 건축 시 건폐율과 「주차장법」 등을 고려하면 115㎡(대략 35평) 이하의 토지는 건축이 가능하긴 하지만 바닥면적이 조금 부족하게 나오기 때문에 가급적 115㎡(대략 35평)를 넘는 것이 좋다.

　결국 나건축 씨가 매입할 수 있는 토지는 서울 제2종 일반주거지역의 3.3㎡당 3천만 원 정도, 165㎡(50평) 정도 또는 그 이하의 토지가 대상이 될 것이다. 물론 토지 매입을 위해 임장을 나가보면 예상과는 다른 다양한 상황을 맞이하게 될 수도 있다. 그러나 미리 대략적인 계획을 세우지 않고 무조건 현실에 부딪히는 것과는 분명 차이가 있으므로 포괄 건축계획을 미리 세워보는 것이 좋다.

건축하기 좋은
토지를 찾는 방법

나건축 씨는 보유자금 10억 원과 대출을 활용해서 20억 원 이내의 투자자금으로 꼬마빌딩을 건축하기로 했다. 그리고 이제 서울 제2종 일반주거지역의 3.3㎡당 3천만 원 내외인 165㎡(대략 50평) 내외의 토지를 알아보려고 한다.

그런데 아파트만 구입해봤던 나건축 씨는 막상 건축을 위한 토지를 사려고 하니 도대체 어떤 땅이 좋은 땅인지 알 수 없어 포기하고 싶은 마음이 들었다. 그래도 꼬마빌딩 건축주가 되기로 마음먹은 이상 포기할 수는 없는 일이다. 건축하기 좋은 땅을 찾기 위해 나건축 씨는 무엇을 확인해야 할까?

토지는 아파트와 달리 개별성이 강해서 입지나 주변 환경에 따라 차이가 크고, 용도지역 등 정책적인 규제와 건축선과 공지 및 일조권 사선제한 등의 확인이 필요하다. 토지 매입 시에는 우선 현장 부동산을 방문하거나 지인 또는 인터넷을 통해 자금계획에 최대한 부합하는 토지를 찾아보아야 한다. 그다음에는 인터넷으로 토지이용계획확인원을 확인하고 현장조사를 통해 해당 토지의 입지와 주변 환경, 도로 인접 유무, 일조권 사선제한 등 규제내용을 철저히 분석해야 한다.

토지이용계획확인원 확인하기

건축할 토지의 타당성을 어느 정도 확인했다면 이제는 조금 더 세련된 노하우로 분석할 필요가 있다. 우선 토지이용계획확인원을 열람해 용도지역, 용도지구, 용도구역, 면적, 개별공시지가 등을 확인해야 한다.

용도지역에 따라 해당 토지면적에 대한 건축면적인 건폐율과 건축물 총면적(연면적)인 용적률이 결정된다. 건폐율과 용적률은 토지를 어느 정도로 활용할 수 있는가, 즉 얼마나 많이 뽑아서 건축할 수 있는가를 결정하는 사업성에 매우 중요한 영향을 주기 때문에 반드시 해당 지자체 조례에 해당하는 용적률과 건폐율을 확인해야 한다. 송파구의 제2종 일반주거지역의 건폐율은 60%, 용적률은 200%인데, 이는 대지면적이 139m^2이면 83.4m^2의 바닥면적에 278m^2의 연면적으로 건축이 가능하다는 의미다.

용도지구는 미관지구, 방화지구, 경관지구, 비행안전지역, 문화재구

토지이용계획 - LURIS 토지이용규제정보서비스

소재지		
지목	대	면적 139 ㎡
개별공시지가 (㎡당)	5,832,000원 (2017/01)	

지역지구등 지정여부	「국토의 계획 및 이용에 관한 법률」에 따른 지역·지구등	도시지역 , 제2종일반주거지역(7층이하) , 도로(접합)
	다른 법령 등에 따른 지역·지구등	가축사육제한구역<가축분뇨의 관리 및 이용에 관한 법률> , 교육환경보호구역<교육환경 보호에 관한 법률> , 대공방어협조구역 (위학고도77·257m)<군사기지 및 군사시설 보호법> , 비행안전제3구역(전술) <군사기지 및 군사시설 보호법> , 역사문화환경보존지역<문화재보호법> , 과밀억제권역<수도권정비계획법> , 공장설립제한지역(2016·11·28) <수도법> , (한강)폐기물매립시설 설치제한지역<한강수계 상수원수질개선 및 주민지원 등에 관한 법률>
「토지이용규제 기본법 시행령」 제9조제4항 각 호에 해당되는 사항		중점경관관리구역(2016·11·24)(한강변)

확인도면

범례

☐ 도시지역
◉ 제2종일반주거지역
▦ 제3종일반주거지역
☐ 국가지정문화재구역
☐ 역사문화환경보존지역
☐ 도로
☐ 법정동

축적 1 / 1200

유의사항

1. 토지이용계획확인서는「토지이용규제 기본법」제5조 각 호에 따른 지역·지구등의 지정 내용과 그 지역·지구등에서의 행위제한 내용, 그리고 같은 법 시행령 제9조제4항에서 정하는 사항을 확인해 드리는 것으로서 지역·지구·구역 등의 명칭을 쓰는 모든 것을 확인해 드리는 것은 아닙니다.

2. 「토지이용규제 기본법」제8조제2항 단서에 따라 지형도면을 작성·고시하지 않는 경우로서「철도안전법」제45조에 따른 철도보호지구,「학교보건법」제5조에 따른 학교환경위생 정화구역 등과 같이 별도의 지정 절차 없이 법령 또는 자치법규에 따라 지역·지구등의 범위가 직접 지정되는 경우에는 그 지역·지구등의 지정 여부를 확인해 드리지 못할 수 있습니다.

3. 「토지이용규제 기본법」제8조제3항 단서에 따라 지역·지구등의 지정 시 지형도면등의 고시가 곤란한 경우로서 「토지이용규제 기본법 시행령」제7조제4항 각 호에 해당하는 경우에는 그 지형도면등의 고시 전에 해당 지역·지구등의 지정 여부를 확인해 드리지 못합니다.

4. "확인도면"은 해당 필지에 지정된 지역·지구등의 지정 여부를 확인하기 위한 참고 도면으로서 법적 효력이 없고, 측량이나 그 밖의 목적으로 사용할 수 없습니다.

5. 지역·지구등에서의 행위제한 내용은 신청인의 편의를 도모하기 위하여 관계 법령 및 자치법규에 규정된 내용을 그대로 제공해 드리는 것으로서 신청인이 신청한 경우에만 제공되며, 신청 토지에 대하여 제공된 행위제한 내용 외의 모든 개발행위가 법적으로 보장되는 것은 아닙니다.

※지역·지구등에서의 행위제한 내용은 신청인이 확인을 신청한 경우에만 기재되며,「국토의 계획 및 이용에 관한 법률」에 따른 지구단위계획구역에 해당하는 경우에는 담당 과를 방문하여 토지이용과 관련한 계획을 별도로 확인하셔야 합니다.

| 토지이용계획확인원

역 등 심의가 필요한 지역인지를 확인하고 심의기간, 심의방법, 절차, 준비서류 등을 꼼꼼하게 확인해 건축 착공시기가 늦어지지 않도록 주의해야 한다.

경관지구는 경관을 보호·형성하기 위해 필요한 지구로, 제대로 확인하지 못하면 토지의 가격에 비해서 효용가치가 현저히 떨어질 수 있다. 예를 들어 준주거지역이나 상업지역의 토지가 경관지구에 걸리면 용적률을 다 사용하지 못하며, 재개발·재건축 지역에 경관지구가 지정되어 있으면 건물의 높이도 제한을 받을 수 있다.

미관지구는 미관을 유지하기 위해 필요한 지구로, 건축물 외장재에 대한 행위제한 규정이 있어 미관지구 내의 외장재 변경은 심의를 받고 변경해야 한다. 심의를 받지 않고 변경하면 불법건축물이 되어 이행강제금이 부과된다. 건폐율과 용적률, 용도지역과 관련된 내용은 4장에서 다시 설명하도록 하겠다.

도로가 있으면 좋다

도로에 접해 있는 토지가 좋다. 매입하려는 토지에 도로가 없거나 좁으면 접근성이 떨어져서 향후 건축 시 임대수요를 맞추기가 어렵고, 도로가 없는 맹지(盲地)는 추가로 도로를 확보해야 한다. 폭이 4m 이상인 도로에 2m 이상 접해야 건축이 가능하며, 현황에는 도로가 있다고 하더라도 지적도상 도로가 없다면 건축허가를 받지 못하는 경우도 있으니 관할 시청, 구청 관련 부서에 확인하는 것이 좋다.

현황 도로포장이 되어 있으면 허가를 받을 가능성이 높고 현황 도로가 시유지나 국유지여도 허가 가능성이 높아진다. 하지만 소유자가 개인이라면 일반적인 도로로 사용할 수는 있어도 허가를 받기가 까다로운 경향이 있다.

도로가 인접해 있다면 도로의 폭이 4m를 넘는 것이 좋다. 소요너비 기준인 4m에 미치지 못하는 도로는 그 중심선으로부터 소요너비(4m)의 1/2의 수평거리인 2m만큼 물러난 선을 건축선으로 하기 때문에 건축선 후퇴에 따른 손실이 발생할 수 있다.

지금은 성공한 사업가로 알려져 있는 양현석 YG 엔터테인먼트 대표가 예전 합정동 일대에 도로가 접한, 그것도 두 면이 도로가 접한 물건을 집중 공략했다는 유명한 일화가 있다. 건축선에 대한 상세한 내용은 4장에서 다시 설명할 것이다.

북측에 위치한 토지가 좋다

전용주거지역이나 일반주거지역에 꼬마빌딩을 건축하는 경우 건물의 높이에 따라 정북 방향 인접 대지의 경계선으로부터 건축조례에 따라 일정 거리를 띄어 건축을 해야 하는 일조권 사선제한이 적용된다. 일조권 사선제한이란 햇빛을 받을 수 있는 일조량에 대한 권리로, 건물을 지을 때 다른 건물의 일조량을 침해하면 안 되기 때문에 법으로 규정해놓은 것이다.

현장 물건을 볼 때 해당 물건의 남쪽에 다른 주택이나 토지가 있는 것

	정북 일조권	정남 일조권
북쪽 건물	일조권 사선제한 없음	사선제한 적용되면서 북향 건물
남쪽 건물	사선제한 있지만 남향 건물	일조권 사선제한 없으면서 남향 건물

은 일조권 사선제한에 문제가 되지 않는다. 그러나 북쪽에 다른 물건이 있다면 남쪽에 위치한 자신의 토지에 건축할 경우 북쪽에 위치한 물건의 일조권을 침해할 우려가 있어 일조권 사선제한이 적용될 수 있다. 이렇게 건물의 높이가 제한되면 본의 아니게 손해를 볼 수 있다. 그래서 인접한 도로가 남쪽이 아닌 북쪽에 위치한 토지가 더 좋다.

최근에 조성된 택지에는 정남 일조권 사선제한이 적용되는 곳들도 있다. 원래는 정북 일조권 사선제한을 받는데 혁신도시나 동탄·위례·광교 신도시 등은 정남 일조권을 적용받는다. 정남 일조권이 적용될 경우 북쪽 건물은 사선제한이 적용되면서 북향 건물이 된다. 반면에 남쪽 건물은 일조권 사선제한이 없으면서 남향 건물이 된다. 그래서 계약을 하기 전에 일조권 사선제한에 대한 부분은 반드시 확인하고 넘어갈 필요가 있다. 일조권 사선제한과 관련된 내용은 4장에서 자세히 설명하겠다.

기타 확인할 사항

그 외에 오수정화시설은 하수종말처리장이 설치되지 않은 지역의 일정 규모 이상의 건축물에 설치하는 소규모 가정하수 처리시설을 말한다. 양평, 가평 등 상수원보호구역에서는 규정이 까다롭고 비용이 많이 들어가기 때문에 주의가 필요하다.

또 관할 시청 및 구청에 주차 대수 산정기준을 확인한 후에 건축계획을 세우는 것이 좋다. 건축 시 「주차장법」 및 지자체의 「주차장 설치 및 관리 조례」에 따라 용도 및 규모별 일정 규모 이상의 주차장과 주차 대수를 확보해야 하는데, 주차 대수는 신축 예정인 세대 수와 밀접한 관계가 있고 수익성으로 연결되기 때문이다.

토지가 건축물은 없고 땅만 있는 나대지(裸垈地)인 경우에는 혹시 농작물이 있는지 확인하는 것이 좋다. 농작물은 토지 소유자의 것이 아니라 경자유전(耕者有田)의 원칙에 따라 경작자의 소유이기 때문에 보상을 해주거나 협의가 안 되면 경작물을 수확할 때까지 기다려야 하는 경우가 생길 수도 있다. 경작물이 있는 경우에는 계약 특약사항에 양도인이 처리하는 조건을 넣는 것이 좋다.

매입하려는 토지에 주택, 창고 등 건축물이 있는 경우에는 건축물대장을 확인할 필요가 있다. 건축물이 무허가 건물이거나 허가는 있으나 준공검사를 받지 않았다면 계약서 특약사항에 거주자 명도 등 문제 해결에 대한 내용을 넣는 것이 좋다. 그리고 등기부등본상 토지 소유주와 건물 소유주가 다르다면 지상권, 법정지상권 등의 문제가 있을 수 있으니 계약 전에 미리 확인하도록 한다.

상세 건축계획 수립 및
사업성 판단하기

나건축 씨는 현장조사를 통해 마음에 드는 토지를 찾기 위해 노력했다. 보유자금 10억 원과 대출금으로 토지 매입과 건축비까지 충당해야 하는 나건축 씨는 서울 송파구 풍납동 코너 자리에 대지면적 165m²(42평), 매매가격 11억 원(3.3m²당 2,600만 원)의 상가주택을 찾았다.

업종이 슈퍼마켓과 분식점인 근린생활시설로 사용하고 있었는데 철거 후 꼬마빌딩 건축이 가능한지, 가능하다면 상가를 넣어 상가주택으로 하는 것이 좋을지 다가구주택으로 해야 할지 고민이었다. 또한 예상 임대수익과 총 투입금액에 따른 임대수익률은 얼마 정도일지 계약 전에 타당성을 확인해보려고 한다.

매입하려는 토지가 정해졌다면 토지 계약 전에 건축 시 어느 정도의 바닥면적과 몇 층까지 얼마 정도의 연면적으로 건축할 수 있을지 간이설계를 해봐야 한다. 그리고 상가를 넣어 상가주택으로 할지, 원룸 등 주택만 넣어 다가구주택으로 건축하는 것이 좋은지 수요를 분석해야 하며, 예상 건축면적에 따른 건축비와 예상 임대수익에 따른 임대수익률의 수익성 분석을 포함한 상세 건축계획을 세워 최종 타당성을 확인해야 한다.

인터넷과 부동산, 현장 부동산으로부터 입수한 정보를 바탕으로 타당성을 확인하는 것은 전문가가 아닌 이상 현실적으로 녹록지 않다. 한번 계약하고 나면 다시 되돌리기도 어렵고 계약 해제를 하게 되면 이미 지불한 계약금은 위약금으로 귀속되기 때문에 계약 전에 최대한 타당성을 꼼꼼하게 확인할 필요가 있다.

주변 환경에 답이 있다

상가를 넣어 상가주택으로 건축하는 것이 좋을지, 원룸 등 주택만 넣어 다가구주택으로 건축할지, 또 원룸만 넣을지 2룸과 3룸도 넣을지 판단할 때는 현장 부동산에서 의견을 듣는 것도 도움이 되지만 대상 토지 주변에 건축한 신축 건물이 있는지 살펴보는 것이 좋다. 주변에 신축 건물이 있다면 사진을 찍는 것은 물론이고 꼼꼼하게 관찰해야 한다.

신축 건물의 외관 형태와 건물 외벽에 어떤 재료를 사용했는지, 상가주택인지 다가구주택인지, 주택의 종류가 원룸으로만 지었는지 2룸과

3룸도 넣었는지, 상가주택이라면 1층만 상가로 했는지 2층까지 상가로 했는지 등 주변 신축 건물을 벤치마킹하면 자신이 건축하고자 하는 꼬마빌딩의 결과를 예상해볼 수 있다. 주변 신축 건물은 해당 건축주가 이미 현장조사를 해서 고심한 후에 건축한 것이기 때문에 참고하는 것만으로도 매우 큰 도움이 된다.

상가주택이 있다면 어느 정도 상권이 형성되어 수요가 있다는 것이고, 상가에 입점한 업종을 보면 어떤 업종이 통하는 상권인지, 임차인을 구할 수 있는지에 대한 타당성을 확인할 수 있다. 상가 전체로 임대할지 나누어서 임대를 놓을 것인지도 고민해볼 수 있고, 프랜차이즈 업종이 들어와 있다면 조금 더 긍정적으로 생각할 수 있다.

특히 안정적인 임대수익을 확보하기 위해 편의점이나 커피전문점 등의 업종이 입점할 수 있는 상권이면 더욱 좋다. 편의점이 입점하려면 담배는 수익 증가에 꼭 필요한 만큼 담배표(담배 판매 권리)를 받을 수 있는지도 중요하다. 또 주변 신축 건물이 2층까지 상가로 되어 있다면 병원, 학원 등 2층 업종이 들어올 수 있으니 우리 건물도 2층까지 상가(근린생활시설)로 건축할 수 있을 것이다.

상가주택이 아닌 원룸 등 주택만 있는 다가구주택이라면 상권 형성이 다소 미흡한 대신 소형주택 임대수요는 있다고 판단할 수 있다. 원룸은 대학생이나 사회초년생 등 1인 수요가 이용하는 반면, 2룸은 여유가 있는 1인이나 자금이 부족한 신혼부부와 사회초년생 등의 2인 수요, 3룸은 신혼부부나 일반 가정생활을 하는 2~4인 수요들이 이용한다. 따라서 원룸으로만 구성되어 있다면 1인 수요층이 두터운 지역이라고 이해하면 된다.

그리고 주변에 향후 건축이 가능한 물건들이 많은지도 확인이 필요하다. 왜냐하면 노후화된 단독주택이 많은 경우 한번 신축 건물이 생기기 시작하면 계속 신축공사가 진행되어 제한적인 임대수요에 비해 공급이 늘어나면서 임대료 인하 및 공실 증가의 원인이 될 수 있기 때문이다.

현장 부동산이 전문가다

부동산 전문가라 하더라도 모든 지역을 완벽하게 분석할 수 없다. 오히려 현장 부동산은 그 지역에서 오랫동안 축적된 경험과 지식이 바탕이 되기 때문에 현장에 있는 부동산을 통해 필요한 정보를 얻는 것이 좋다.

해당 토지 주변 신축 꼬마빌딩을 보고 어느 정도 답을 찾았다면 그 지역의 전문가인 공인중개사에게 한 번 더 정보를 입수해 확인해야 한다. 상가 임대수요는 있는지, 수요가 있다면 어떤 업종이 좋을지, 주택은 원룸 또는 2룸, 3룸 중 무엇이 더 임대가 잘 나가는지에 대한 조언을 얻을 수 있다. 그뿐만 아니라 공실이 생기면 새로운 임차인을 빨리 구할 수 있는지, 해당 토지(단독주택, 상가주택 포함)의 주변 토지시세가 3.3㎡당 얼마인지도 확인해야 한다.

가설계는 이렇게 하자

용도지역별 건폐율, 용적률로 대략적인 예측은 가능하지만 그래도 계약

FLOOR PLAN

■ 설 계 개 요 서

공 사 명	용남동 근생 및 다가구주택 신축공사	
지역 / 지구	제2종 일반주거지역	
대 지 위 치		
지 번	면적	비 고
	139㎡ (42.05평)	
	㎡ (0평)	
	㎡ (0평)	
도로후퇴	㎡ (0평)	
계	139㎡ (42.05평)	
건 축 면 적	83.09㎡ (25.13평)	
연 면 적	301.05㎡ (91.07평)	
건 폐 율	59.78%	법정 : 60%이하
용 적 율	216.58%	법정 200%이하
주 차 대 수	3대	
규 모	지상 4층	
초 경 면 적		
비 고	1. 본 계획안은 현장여건 상 변경될 수 있음	

■ 용 도 별 면 적 표

구분		허가면적	서비스면적	외부면적	용도
지하층					
	합계				
지상층	지상 1층	73.33㎡ (22.18평)	0㎡ (0평)	㎡ (0평)	근린생활시설
	지상 2층	83.09㎡ (25.13평)	0㎡ (0평)	㎡ (0평)	근린생활시설
	지상 3층	83.09㎡ (25.13평)	0㎡ (0평)	㎡ (0평)	다가구주택-2가구
	지상 4층	61.54㎡ (18.62평)	0㎡ (0평)	21.55㎡ (6.52평)	다가구주택-1가구
	합계	301.05㎡ (91.07평)	0㎡ (0평)	21.55㎡ (6.52평)	다가구주택-3가구

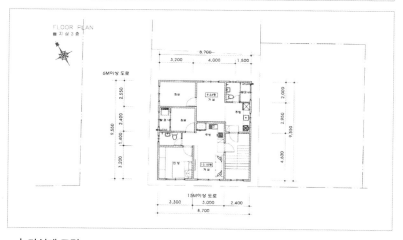

FLOOR PLAN
■ 지상 3층

| 가설계 도면

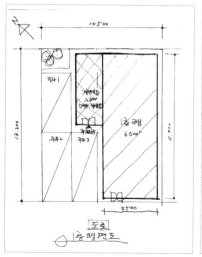
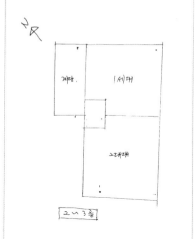

| 간이설계

전에 가설계를 뽑아보는 것이 좋다. 가설계는 건축사무소에 의뢰해 받아볼 수 있는데 가설계 비용을 지불하는 방법과 건축 시 건축설계를 맡길 테니 가설계를 해달라고 부탁하는 방법이 있다.

건축주가 설계사무소를 정해서 설계를 맡기는 경우에는 건축설계를 맡기는 조건으로 가설계를 부탁하면 되고, 시공사에서 파트너를 맺고 있는 설계사무소에서 설계를 진행할 계획이라면 아직 시공사와의 건축 계약을 하지 않은 상태이기 때문에 근처 건축설계사무소에 비용을 지불하고 가설계를 받으면 된다. 만약 설계사무소를 통한 가설계가 쉽지 않다면 본인이 직접 하거나 지인 또는 중개사의 도움을 받아 수기로 간단하게나마 간이설계를 해보는 것도 도움이 된다.

인터넷으로 한 번 더 검증하자

현장 중개사를 통해 필요한 정보를 얻었다면 다시 한 번 더 해당 정보를 검증해보는 과정이 필요하다. 현장 중개사를 믿을 수 없으니 다시 확인하라는 것이 아니다. 원숭이도 나무에서 떨어질 수 있고 가치관이나 성향에 따라 다르게 판단할 수 있기 때문이다. 국토교통부 실거래가 공개시스템 홈페이지(rt.molit.go.kr)와 네이버, 다음, 직방 등의 부동산 정보매체를 통해 주변 지역의 매물시세와 전월세 임대시세를 확인해 비교해보는 것이 좋다.

최종 시뮬레이션을 해보자

정확한 것은 건축을 해봐야 하고 임대를 맞춰봐야 하지만 그래도 토지를 매입하기 전에 타당성을 확인하기 위해 다음과 같이 최종 시뮬레이션을 해보는 것이 좋다. 가설계 사항을 다시 한 번 최종적으로 검토해보고, 수요에 따라 상가와 주택으로 용도를 구분하고, 각 층의 수익성을 예상해보자. 막상 실제로 해보면 시뮬레이션과 차이가 나는 부분이 발생할 수도 있지만 그래도 토지 계약 전에 최대한 검증을 해보는 것이 안전하다.

| 나건축 씨의 최종 시뮬레이션(편의상 m² 대신 평 단위를 사용함)

구분		내용
가설계	대지면적	42평
	용도지역	제2종 일반주거지역
	건폐율	60%
	용적률	200%
	바닥면적	25평
	층수	4층
	연면적	91평(확장 포함)
	건축비용	4억 5,500만 원(평당 500만 원)
	토지 매입비용	11억 원
	총 투입비용	15억 5,500만 원
수요 분석	상가	1, 2층 근생
	주택	3층 원룸, 4층 3룸
수익성 분석 (예상)	1층 임대료	보증금 5천만 원 / 월 250만 원
	2층 임대료	보증금 2천만 원 / 월 150만 원
	3층 임대료	보증금 2천만 원 / 월 150만 원
	4층 임대료	보증금 2억 5천만 원
	총 임대료	보증금 3억 4천만 원 / 월 550만 원
	수익률	5.4%

토지를 계약할 때는
꼼꼼히 따져보자

토지의 건축 타당성까지 확인한 나건축 씨가 드디어 토지 계약을 하려고 한다. 나건축 씨는 토지를 계약할 때 어떤 점을 주의하고 어떤 요구를 해야 할까? 토지 매입 계약 시 주의사항에 대해 알아보도록 하자.

빠른 결정이 중요하다

좋은 물건은 오래 기다려주지 않기 때문에 빠른 결정을 내려야 한다. 계약하기로 마음을 먹고 계약 의사를 표시했을 때 이미 계약이 되어 있다면 그것만큼 억울한 경우도 없다. 그렇게 되면 계속 미련이 남아 다른 물건을 볼 때도 자꾸 비교하게 되면서 판단이 더 어려워지는 경우가 종종 있다.

물건 정보를 입수하면 가급적 2~3일 이내에 타당성을 확인하고 계약 유무 의사를 전달하는 것이 좋다. 계약 의사를 보인다고 해서 바로 계약이 이루어지는 것이 아니라 부동산에서 양도인과 계약에 대해 협의하는 시간이 필요하기 때문에 그동안 추가 조사를 하거나 고민하는 시간을 벌 수 있다.

정말 놓치기 아까운 좋은 물건인데 다른 양수인이 붙어서 경쟁이 되는 상황이라면 계약 전에 먼저 가(假)계약금을 입금하는 것도 한 방법이다. 가계약금은 너무 큰 금액을 걸어둘 필요는 없다. 우선권을 잡는 취지이기 때문에 정말 놓치기 아까운 특별히 좋은 물건이라면 매매금액의 1% 정도 또는 1% 이내에서 정하는 것이 좋다. 다만 일부 부동산 중개업소에서 계약을 성사시키기 위해 마치 다른 양수인이 있는 것처럼 과장해 허위 정보를 알려주고 가계약금 입금을 종용하는 경우도 있다. 따라서 분위기에 흔들리지 말고 반드시 본인의 의사에 따라 판단해야 한다.

만약 빨리 결정해야 하는 상황에서 계약을 하는 경우 확신이 들지 않거나 배우자에게 한 번 더 확인받을 필요가 있다면, 특약사항에 계약 후 24시간 이내 또는 언제까지 계약 해제를 요구할 시 본 계약은 무효로 한다는 내용을 명시하는 것이 좋다.

반대로 정말 놓치기 아까운 좋은 물건이고 매매금액도 시세보다 낮아서 계약한 후에도 양도인이 위약금을 물고 계약 해제를 할 수도 있는 상황이면 계약금을 많이 걸거나 중도금을 빨리 입금하는 것이 좋다. 계약금이 많으면 양도인 입장에서는 위약금이 부담스러워서 쉽게 계약 해제를 하지 못하는 경우가 많고 중도금이 지불되면 위약금을 떠나 일방적인 계약 해제가 불가능하기 때문이다.

또 매물이 처음 나온 시기가 언제인지도 확인하는 것이 좋다. 아파트와 달리 빨리 거래가 되지는 않지만 그래도 매물이 등록된 지 1년이 넘었다면 왜 지금까지 거래가 안 되었는지 그 이유에 대해 한 번 더 고민해볼 필요가 있다.

중개보수는 잔금일에 지급한다

중개보수(중개수수료)는 가급적 잔금일에 지급하는 것이 좋다. 중개보수는 계약에 대한 수수료이기 때문에 계약 시 지불하는 것이 원칙이다. 하지만 계약을 진행하면서 중개사에게 따로 요구해야 할 일이 생길 수 있고, 잔금 전까지 양도인과 양수인 간 협상 시 중개사의 역할이 중요하기 때문에 중개보수를 미리 지급하기보다는 계약이 마무리되는 잔금일에 지급하는 것이 좋다.

중개사가 수수료 선지급을 요청하는 경우라면 잔금일에 주겠다고 하거나 수수료 절반은 선지급하고 나머지 절반은 잔금일에 주겠다고 하면 된다. 중개보수는 법정수수료이기 때문에 정해진 요율을 넘어선 과도한 수수료 요구는 거부해야 한다. 하지만 좋은 물건을 계약하는 데 중개사의 역할이 컸고 고생을 많이 했다면 법정수수료 외에 보너스 개념으로 더 주어도 된다.

세금 문제는 계약 전에 미리 점검해야 한다

계약하고 나서 뒤늦게 세금폭탄으로 후회하는 경우가 종종 생기는데, 계약 전에 세금 문제는 반드시 확인할 필요가 있다. 계약 시 공인중개사가 계약 관련 일을 맡아서 진행하지만 전문중개사도 직접 계약 외 세금 부분에 대해서는 미처 인지하지 못하거나 놓치는 경우가 있다. 따라서 반드시 계약 전에 세무사를 찾아가 본인의 자산 상황을 알리고 계약 시 발생하는 세금에 대해 전문 세무 컨설팅을 받아보는 것이 좋다.

세금 문제는 한번 잘못 판단하면 돌이킬 수 없다. 세금폭탄을 맞게 되면 엄청난 피해를 볼 수 있고 실제로 많은 피해 사례들이 발생하고 있어 굉장히 중요하다. 어떤 경우라도 세금 문제는 본인 책임이기 때문에 반드시 계약 전에 세무사의 세무 상담을 받고 계약을 진행하기를 추천한다.

포괄양수도 계약을 고려한다

매매 시 부가가치세를 생략하기 위해 포괄양수도 계약을 하는 경우가 많다. 포괄양수도 계약은 사업장별 사업용 자산을 비롯한 물적·인적 시설 및 사업상 권리와 의무를 포괄적으로 승계시키는 것으로, 이러한 계약이 성립되면 부가가치세를 생략한 상태로 매매 계약을 체결할 수 있다. 한마디로 양도인의 모든 권리와 의무를 양수인이 승계함으로써 부가가치세가 생략될 수 있는 것이다.

포괄양수도 계약으로 매매 계약을 하는 경우, 양도일이 속하는 달의 말일부터 25일 내에 부가가치세 확정신고를 할 때 사업양도 계약서를 첨부한 사업양도 신고서를 양도인이 당해 사업장에 대한 부가가치세 확정신고 시 제출해야 한다.

사업양도 계약서는 별도로 작성하는 것이 일반적이지만 별도로 작성하지 않은 경우에는 매매 계약서 특약사항에 기재하는 등 실질 포괄양수도 계약에 해당되면 포괄양수도 계약으로 인정될 수 있다. 다만 면세사업자가 과세사업을 겸업하는 경우에는 면세사업은 포괄양수도 계약이 불가능하다.

계약 명의는 미리 정하는 것이 좋다

계약 명의를 부부 공동으로 할지 부부 중 한 사람으로 할지 계약 전에 미리 정하는 것이 좋다. 물론 계약서를 작성하더라도 잔금일 전에 변경은 가능하지만 실거래 신고가 된 이후라면 실거래 신고를 해제하고 다시 계약서를 작성해야 하는 번거로움이 있다. 그래서 중개사들이 꺼리는 경우가 많고 매도인 역시 귀찮아 하는 경우도 있어서 가급적이면 누구의 명의로 할지 미리 고민해두자.

계약 명의를 부부 공동으로 하는 것이 좋을지 단독으로 하는 것이 좋을지 고민하는 경우가 많다. 재산 공동 분할 차원에서, 그리고 종합소득세, 의료보험, 양도소득세를 따져보면 단독 명의보다는 공동 명의가 유리한 부분이 많기는 하다. 하지만 종합소득세 비용 처리에 있어서 공동 명의 시 세무서에서 인정되지 않을 수도 있기 때문에, 소득이 높아 종합소득세에 민감하다면 계약 전에 반드시 세무사와 유불리를 심도 있게 검토한 후에 유리한 명의로 하는 것이 좋다.

토지(기존 건물 포함) 매입 계약 후 기존 건축물을 철거하고 신축할 경우 토지는 잔존하고 있으니 계약 명의자가 그대로 토지 명의자가 된다. 하지만 건축물은 철거가 되었기에 신축하는 건축주 명의가 향후 완공 후 건물 명의자가 된다. 물론 건축주 명의변경이 가능해서 건축 중 건물에 대한 명의를 바꾸고 싶으면 건축주 명의변경을 하면 된다. 하지만 사용승인 접수가 들어간 상태에서는 건축주 명의변경이 어려울 수 있으니 가급적 사용승인 신청 전에 건축주 명의변경을 해야 한다.

건물 신축을 위해 필요한 부분은 특약사항에 기입하자

매도인이 건축 인허가에 필요한 관련 서류 제공 등 건축에 협조해주는 조건을 구체적으로 명시하는 것이 좋다. 간헐적으로 계약 종료 후 매도인이 협조해주어야 할 사안에 대해 비협조적으로 나와서 골머리를 썩는 경우가 있다.

신축을 위해 기존 건축물을 철거하려면 임차인(세입자)의 명도가 우선 진행되어야 한다. 명도가 완료되지 않으면 착공이 불가능하기 때문에 신축을 할 수가 없다. 물론 계약기간이 종료되어 자연스럽게 명도가 진행될 수 있는 상황이면 문제가 없을 것이다. 그러나 매도인이 나가달라고 하면 나가는 조건으로 거주하고 있다가 매매 후 임대인이 바뀌면 언제

| 나건축 씨가 매입한 토지

그랬냐는 듯이 오리발을 내미는 임차인도 있고, 상가 영업을 하고 있는 임차인이 있는 경우 권리금을 요구하며 명도절차에 불복하는 경우가 발생할 수도 있다. 그러므로 가급적 잔금 전에 매도인이 책임지고 임차인 명도가 완료되는 조건을 걸어두는 것이 좋다.

또 건축을 하려고 매입 계약을 했는데 건축허가가 불허가 되면 낭패가 아닐 수 없다. 따라서 계약서 특약사항에 건축허가 불허 시 매매 계약은 위약금 없이 계약 해제를 할 수 있다는 조항을 넣어두어야 한다.

이렇게 해서 드디어 나건축 씨는 꼬마빌딩 건축을 하기 위한 토지를 확보했다. 임차인을 명도하는 조건으로 송파구 풍납동 165m² 대지의 매매가 11억 원인 상가로 사용하는 단독주택을 매입한 것이다. 위의 사진은 나건축 씨가 매입한 토지의 건축 전 모습이다. 어떻게 이 토지 위에 새로운 꼬마빌딩이 건축되는지 그 과정을 2장과 3장에서 따라가보도록 하자.

토지 매입을 완료한 나건축 씨는 꼬마빌딩을 짓기 위한 건축 준비를 하려고 한다.
이 장은 건축을 해주는 시공사를 선정해 도급 계약을 하고 설계사무소도 계약한 후
문화재 심의, 건축허가, 건축멸실, 착공신고까지 공사가 들어가기 전
건축 준비단계에 대한 내용이다. 토지를 매입한다고 해서 바로 공사를 시작하는 것이
아니라 건축을 하기 위해 숨어 있는 많은 과정이 있다. 나건축 씨가 건축을 준비하는
과정을 살펴보면서 건축 준비절차와 주의사항에 대해 상세히 알아보자.

2장

꼬마빌딩 건축
준비하기

믿을 만한 시공사에
건축을 맡기자

토지 매입을 완료한 나건축 씨는 이제 건축을 진행할 시공사(施工社)를 선택해야 한다. 단순하게 가장 저렴한 견적을 낸 시공사를 선택하면 되는 것일까? 시공사는 어디에서 추천을 받아야 하는지와 건축을 잘하는 시공사인지 확인할 수 있는 방법을 알아보도록 하자.

한 해 농사를 잘 짓기 위해서는 좋은 토지만큼이나 농사를 짓는 농부의 손길도 중요하다. 마찬가지로 꼬마빌딩 건축에서도 좋은 토지를 잘 매입하는 것뿐만 아니라 건축을 잘할 수 있는 좋은 건설사인 시공사의 역할이 매우 중요하다. 시공사를 잘못 만나면 잘못 끼워진 단추처럼 두고두고 골칫거리가 될 수 있다.

그래서 건축은 결혼과 같다는 말을 한다. 결혼하고 나서 바로 문제가 발견되면 이혼하기가 쉽지만 시간이 지나 자녀를 낳고 살다가 문제를 발견하면 이혼이 복잡하고 어려워지는 것과 마찬가지다. 건축 역시 신축 후에 바로 문제가 발생하면 시공사에 하자 보수를 요청하면 되지만 공사 후 몇 년이 지나 문제가 발생하면 관리를 잘못한 탓이라며 시공사 측에서 발뺌할 수도 있다. 심지어 연락이 안 되는 경우도 있다. 물론 시간이 지나도 책임을 다해 하자 공사를 해주는 시공사도 있다. 그러나 이런 기본이 된 시공사라면 애초에 부실공사를 하지도 않았을 것이다.

값싸고 내구성이 약한 자재를 사용해 파손이나 노후화가 빨리 되는 경우, 기준치 이하의 자재를 사용해 성능 미달이 되는 경우, 건물 방수처리나 미장을 제대로 하지 않아 누수가 발생하는 경우, 부실 단열재나 샤시 시공으로 곰팡이의 원인이 되는 결로(結露)현상이 생기는 경우 등 부실공사의 유형은 매우 다양하고 눈에 잘 보이지 않는 경우가 많다.

주변에 건축을 하는 친척이나 지인이 있다면 믿고 맡길 수도 있겠지만 막상 건축주와 시공사 관계가 되면 사소한 일에 섭섭해 하면서 사이가 멀어지는 경우도 다반사다. 그래서 더 조심스럽고 오히려 모르는 제3자보다 못한 경우도 있다.

좋은 시공사를 찾는 방법

좋은 시공사를 만날 수 있는 방법을 몇 가지 소개하면 다음과 같다. 자신에게 맞는 방법으로 좋은 시공사를 선정해보자.

현장 주변에 있는 신축 건물 중 마음에 드는 건물의 시공사 선정하기

현장 주변에 신축 건물들이 있다면 그중 가장 마음에 드는 건물의 시공사를 선정하는 방법이다. 건물 전면부 표지석에서 시공사 정보를 확인하거나 건물주에게 물어보면 된다.

중개사나 전문가에게 추천받기

토지 매입을 중개했던 현장 부동산 중개사나 평소 알고 지내던 중개사 또는 전문가에게 추천을 받는 것이다. 이 경우 특수관계이거나 중간 커미션(수수료)을 받는 조건으로 추천을 하는 경우도 있어서 추천해주는 사람의 성향을 잘 파악하는 것이 중요하다. 이미 건축했던 건축물을 한번 보는 것도 도움이 된다.

지인에게 소개받기

친구나 지인이 소개하는 경우라면 시공사와 어떤 관계인지 먼저 물어봐야 한다. 지인이 업무적으로 같이 일해봤는데 일을 잘해서 추천하는 경우라면 믿고 맡겨도 된다. 하지만 그냥 아는 친구나 친척 또는 지인의 지인으로 한 다리 건너 아는 사이라면 얘기가 다르다. 성격이나 일 처리방법 등 평가를 들어보고 건축했던 건물을 꼼꼼히 살펴본 뒤에 판단하는 것이 좋다.

가족이나 친척 등 특수관계인에게 의뢰하기

가족이나 친척이 건설을 한다면 믿고 건축을 맡겨도 되지만 앞서 이야기했듯이 오히려 사이가 멀어지는 일이 생길 가능성도 있다. 그렇기 때문에 관계를 떠나 조금 더 객관적으로 판단할 필요가 있다. 매사에 성격이 꼼꼼하고 일을 잘한다는 평을 듣고 있는 곳이라면 걱정 없이 믿고 의뢰하면 된다. 반면 얼렁뚱땅 대충 일하는 스타일이고 책임감이 부족하다는 평이 있다면 아무리 가까운 관계에 있더라도 공과 사는 구분해야 한다.

좋은 시공사인지 확인하는 방법

여러 경로를 통해 시공사를 추천받았다면 도급 계약 전에 어떤 시공사인지 검증하는 것이 좋다. 좋은 시공사인지 확인하기 위한 검증방법은 다음과 같다.

견적서 받아보기

시공사를 추천받은 후에는 견적서를 꼭 받아보아야 한다. 보통 가장 낮은 가격의 견적을 내는 시공사를 선택하는 경우가 많은데 이것은 잘못된 방법이다. 견적가격은 얼마든지 낮게 낼 수 있다. 견적가격을 낮게 내서 수주를 한 후 공사하면서 추가금액을 요구하거나, 가격이 싼 기준치 이하의 자재를 사용하거나, 심지어 철근을 줄이는 방법으로 비용을 절감하는 경우가 생길 수 있다.

공사 전에는 건축주가 갑, 시공사가 을이지만 공사가 시작되면 건축주는 을, 시공사가 갑이 되는 경우가 많다. 그래서 저렴하게 견적을 내면서 특별한 설명 없이 두리뭉실하게 "싸게 잘 해드릴게요. 걱정하지 마세요."라고 말하는 시공사를 선정하기보다는, 가격은 일반적인 단가 수준이지만 세부적으로 꼼꼼하게 설명해주면서 질문에도 정확하게 잘 답변해주는 시공사를 선정하는 것이 좋다. 세상에는 공짜가 없다. 무조건 낮은 가격만 찾는다면 꼬마빌딩의 품질도 낮아지거나 골칫거리가 늘어날 수밖에 없다는 점을 반드시 명심해야 할 것이다.

성실한 시공자 찾기

보기에는 다 같은 시공자(건축업자)처럼 보이지만, 시공자는 일만 따내고 실제 일은 흔히 말하는 건축소장(일명 건축오야지)이 다 알아서 하는 경우가 많다. 물론 원활하게 건축을 진행하기 위해서 현장에 건축소장을 둘 수는 있지만 현장소장 혼자서 모든 건축 일을 전부 감당할 수는 없다.

물론 건축에 대해 잘 알고 일을 잘하는 건축소장들도 많다. 그런데 공정별로 하자가 발생할 수 있는 부분에 대해 노하우를 발휘해 세밀하고 꼼꼼하게 일을 처리하기보다는 설계대로만 하면서 현장 일꾼들과 자재, 민원 관리 업무 위주로 맡아 하는 경우도 많다. 특히 건축소장은 급여를 받고 관리자의 역할만 할 뿐이므로 그에게 책임감과 열정을 기대하는 것은 무리한 요구이기도 하다.

그래서 시공자는 건축에 대해 잘 알고 있고, 착공부터 준공까지 모든 공정에 대한 경험이 풍부해 하자가 발생할 수도 있는 세밀한 부분까지 꼼꼼하게 처리할 수 있어야 한다. 건축현장에 잠깐씩 왔다 갔다 하는 것이 아니라 아침부터 저녁까지 상주하면서 공사를 진행할 수 있는 시공자를 선택하는 것이 중요하다.

대부분 이렇게 일을 잘하는 시공자는 견적을 제일 저렴하게 내지 않는다. 반면에 건축소장을 두고 시공자는 잠깐씩 얼굴만 내미는 시공사가 견적을 낮게 내는 경우가 많다. 시공자가 현장에 상주하면서 작은 일이라도 손을 보태면 참 좋지만 상주하지 않으면 인부를 더 사용할 수밖에 없다. 게다가 건축소장 월급도 주어야 하니 인건비 지출은 더 늘어나게 된다. 그런데도 견적을 싸게 낸다면 답은 이미 나왔다. 무리하게 비용을 절감해 부실공사를 하거나 수주를 한 후 공사를 하면서 추가금액을 요구할 가능성이 크다.

건축했던 건물 답사하기

백문불여일견(百聞不如一見)이라는 말대로 백 번 듣는 것보다 한 번 보는 것이 낫다. 건축을 잘하는 시공사인지 검증하려면 그 시공사가 건축했던 건물을 직접 보는 것이 가장 확실하다. 자식이 부모의 얼굴이듯이 건축물은 시공사의 얼굴이다. 시공사가 이전에 건축했던 건물을 보면 더 이상 무슨 말이 필요하겠는가. 건물 외관과 마감 상태 등을 살펴보고 건물주나 그 건물에 거주하는 거주민에게 해당 건물의 하자나 불편한 부분에 대해 물어보는 것도 도움이 된다.

도급 계약서에는 특약사항을
최대한 구체적으로 명시하자

시공사를 선정한 나건축 씨는 이제 시공사와 건축 계약을 맺어야 한다. 시공사에 공사 도급을 주기 위한 계약을 도급 계약이라고 하는데 이는 도급 계약서와 시방서(특약사항)로 구성된다.

건축시공 계약내용을 작성하는 도급 계약서는 분쟁이 발생했을 때 근거 자료가 되기 때문에 매우 중요하다. 설사 시공업체가 지인이라고 하더라도 얼렁뚱땅 구두계약으로 하지 말고 반드시 도급 계약서를 작성해 필요한 내용은 특약사항에 꼼꼼하게 기입해야 한다.

건축 계약을 하기 전에는 건축주가 갑이고 시공사가 을이지만 본 계약이 체결된 후에는 시공사가 갑이 되고 건축주가 을이 되는 경우가 많다.

당초 약속했던 것과 달라지거나 변경되어 건축되는 경우가 종종 발생하기도 한다. 그렇기 때문에 최대한 꼼꼼하게 많은 내용을 도급 계약서에 넣어두는 것이 건축주에게 유리하다. 건축주의 유일한 방어무기가 바로 도급 계약서다.

원청인지 하청인지 확인해야 한다

계약 시공 당사자가 원청(직영)인지 원청 수수료를 떼고 다시 하청을 주는지 확인해야 한다. 원청이 본인 수익금을 남기고 다시 하청을 주고서 추가로 이익금을 더 확보하기 위해 부실자재를 사용하거나 빼먹는다면 하자의 주 원인이 될 수도 있다. 또 이런 곳은 여기저기서 여러 공사를 하기 때문에 일꾼들의 이동이 잦고 남는 시간을 활용해 잠깐씩만 하는 경우도 있어 공사기간이 오래 걸릴 수 있다. 콘크리트 타설(콘크리트를 부어 넣는 것) 후 양생시간을 기다려주지 않고 공사를 하는 경우도 있는데, 이렇게 되면 당장의 하자는 없어도 건물의 수명이 짧아지면서 시간이 지날수록 문제가 발생할 가능성이 높다.

낮은 가격은 오히려 독이 될 수 있다

세상에 공짜는 없다. 가격이 싸면 다 그만한 이유가 있고 별도의 비용이 발생할 가능성이 높다. 공사비가 저렴하다는 것은 공사조건과 마감 수준

민간건설공사 표준도급계약서

1. 공 사 명 :

2. 공사장소 :

3. 착공년월일   :   년   월   일

4. 준공예정년월일 :   년   월   일

5. 계약금액 : 일금   원정 (부가가치세 포함)

  (노무비[1]) : 일금   원정, 부가가치세 일금   원정)

    1) 건설산업기본법 제88조제2항, 동시행령 제84제1항 규정에 의하여 산출한 노임

6. 계약보증금 : 일금   원정

7. 선   금 : 일금   원정(계약 체결 후 00일 이내 지급)

8. 기성부분금 : (   )월에 1회

9. 지급자재의 품목 및 수량

10. 하자담보책임(복합공종인 경우 공종별로 구분 기재)

공종	공종별계약금액	하자보수보증금율(%) 및 금액		하자담보책임기간
		( ) %	원정	
		( ) %	원정	
		( ) %	원정	

11. 지체상금율 :

12. 대가지급 지연 이자율 :

13. 기타사항 :

    도급인과 수급인은 합의에 따라 붙임의 계약문서에 의하여 계약을 체결하고, 신의에 따라 성실히 계약상의 의무를 이행할 것을 확약하며, 이 계약의 증거로서 계약문서를 2통 작성하여 각 1통씩 보관한다.

붙임서류 : 1. 민간건설공사 도급계약 일반조건 1부
          2. 공사계약특수조건 1부
          3. 설계서 및 산출내역서 1부

                                       년   월   일

도 급 인   수 급 인

  주소   주소

  성명   (인)   성명   (인)

| 도급 계약서 샘플

에 차이가 있다는 것이다.

시공사에서 제출한 견적 가격이 싸다고 덥석 계약하면 이후 도급 계약서 및 시방서(도면에 나타내기 어려운 재료, 시공방법, 사용승인일 등 일련의 사항을 기록한 것)에 없는 내용을 말하며 추가비용을 지속적으로 요구하는 경우가 있다. 이미 건축은 시작했는데 추가 요구사항을 안 들어주기도 난감하고 도저히 안 하면 안 될 것 같은 분위기를 만들면서 건축주를 고민에 빠지게 하기도 한다. 이렇게 일부 양심 불량 시공사들은 건축 시 기본적으로 필요한 부분에 대해서만 싸게 견적을 내서 일단 공사를 따낸 후 추가비용을 요구하거나 저급한 자재를 사용하거나 마감 처리를 제대로 하지 않는다.

이런 시공사를 만나서 고생하면 돈은 돈대로 들어가고 다시는 건축 못하겠다는 말까지 나오게 된다. 일을 잘하는 시공사는 공사비용이 다른 곳보다 다소 비쌀 수 있지만 이런 일 잘하는 시공사가 결국에는 더 이득이 되는 경우가 많다.

공사비는 구체적으로 명시한다

공사비 지급조건은 계약금과 함께 공정별로 협의해야 한다. 일반적으로 계약금 10%, 1차 중도금 20%(골조 2층 후), 2차 중도금 30%(골조 마무리 후), 3차 중도금 30%(각 층 몰탈 후), 사용승인 후 10% 정도로 진행한다. 공사가 완성된 정도에 따라 공사비를 지급하는 기성금은 중도금으로 진행하는데, 협의에 따라서 터파기 공사와 외장 마감 후에 지급하는 조건으로 할 수도 있고 월 1회로 할 수도 있다. 시공 계약금액은 공사비용에 대한 정확한 금액(부가가치세 포함 또는 별도)을 기입해야 한다. 처음 협의한 사항과 달리 추가 공사가 발생해 공사비용이 변경되면 공사비 변경 계약서를 별도로 작성하면 된다.

주차장(필로티) 공사비는 '별도 금액 없음'으로 하거나 협의한 대로 한다. 보통 현장에서는 주차장 전체 면적의 1/2이나 1/3 정도로 협의하는 경우가 많다. 철거공사비는 '별도 금액 없음'으로 한다. 별도 금액으로 한다면 그만큼 견적 가격이 저렴하거나 타당한 이유가 있어야 한다. 전기, 가스, 수도 등의 인입비(引入費)는 '별도 금액 없음'으로 한다. 별도 금액으로 한다면 역시 타당한 이유가 있어야 할 것이다. 발코니 확장비용은 '별도 금액 없음'으로 한다. 건축비 산정 시 건축면적에 포함되는 경우가 많아서 대부분 별도 금액으로 하지 않는 경우가 많다.

공사과정에서 발생하는 소음, 분진 등으로 인한 민원 발생 처리비용은 시공사 부담으로 한다. 또한 시공 관련 업무비용 및 물가변동을 명시해야 한다. 예를 들어 업무비용은 시공사가 부담하고 공사기간이 1년 이하라면 물가변동은 공사비에 적용하지 않는다. 공사대금 부가가치세는 주택의 경우 포함해서 계약한다.

공사비 지급은 계좌이체를 이용해야 한다. 계약금, 중도금, 잔금 등 공사비를 현금으로 줄 경우 반드시 영수증에 내용을 명시하고 서명을 받아 보관해두어야 한다. 공사비용을 입금하기 전에는 반드시 현장을 확인하자. 약속된 시공이 완료되면 공정에 따라 1차 중도금과 2차 중도금을 지불하는데, 입금 전에 반드시 현장을 확인하는 것이 좋다.

각종 보증 및 보험을 확인하고,
하자담보책임, 지체상금율, 공사포기각서를 명시한다

건축주는 시공사로부터 계약보증서(계약이행보증서)를 받아두어야 한다. 약정을 한 경우에는 선금금액도 공사비용의 10~20% 정도 기입할 수 있고, 이 경우 역시 선급금보증서를 받아두어야 한다. 그 외 하자보수보증, 계약이행보증(서울보증보험), 산재보험, 고용보험 가입 여부도 꼼꼼하게 확인해야 한다.

하자담보책임 금액은 총 공사비용의 3% 정도로 하고 기간은 건축물의 종류에 따라 「주택법」 또는 「건설산업기본법」을 적용한다고 하면 된다. 기간은 보통 계약 전체 목적물을 인수한 날과 준공검사를 완료한 날 중 먼저 도래한 날을 기준으로 공종 구분에 따라 정한다.

지체상금율은 건설회사가 준공 예정일보다 늦게 준공할 경우 받을 수 있는 지체상금에 대한 기준으로 「국가계약법」에 따르면 된다. 작은 공사 현장에서는 약정을 잘 하지 않는 경향이 있는데 그래도 명시하는 것이 좋다. 일반적으로 날씨 등 외적인 상황에 따라 보름에서 한 달 정도는 약정한 기간보다 늦어질 수 있으나 그 이상 늦어질 경우에는 지체상금율 기준에 따라 공제 후 잔금을 지급하면 된다.

건축주가 공사비를 늦게 지급한 경우 발생하는 대금 지급 지연 이자율은 3% 정도로 책정한다. 계약사항에 대해 불이행 시 공사를 포기하고 손해배상 청구 및 지급비용 처리 문제에 관한 공사포기각서는 향후 시공과정에서 문제 발생 시 유용하게 사용할 수 있다.

건축자재 관리와 내외부 마감재에 대해 명시한다

건축자재(내장재 포함)를 건축주가 승인하는 것으로 명시한다. 건축자재는 반드시 계약된 금액에 준하는 모델과 단가, 수량이 사용되었는지 납품 리스트를 확인하고 시공 전에 건축주에게 자재 승인을 받도록 명시하는 것이 좋다. 그렇지 않으면 저급한 자재가 사용되어도 공사가 끝난 후 건축주들이 자재들의 명칭과 모델명, 단가 등을 찾아내기가 어렵고 부실공사의 원인이 될 수도 있다. 정상적인 시공사라면 아무런 문제가 없겠지만 그렇지 않은 경우 사전에 자재 승인을 명시해두면 시공사가 건축주를 무시하지 못해 부실공사를 예방하는 안전장치가 될 수 있다.

도면에 표기된 내역서에서 품목의 수량 누락이나 부족분에 대한 책임도 명시해야 한다. 내역서에 있는 품목과 수량이 누락되거나 부족하면 시공사의 책임으로 하면 된다. 또한 골조공사 시 각 층 주요 구조부와 철근 배근 후 간격과 철근 수를 확인해 사진을 제출하도록 명시하는 것이 좋다.

내외부 마감재는 항목별로 구체적으로 지정하면 좋지만 현실적으로 그렇게 하기는 쉽지 않기 때문에 국가기관인증제품(KS, Q마크 등)을 기준으로 한다고 명시하면 된다. 별도의 건물을 지정해서 그 건물 정도의 마감 수준 또는 그 이상이라고 해도 된다. 보통 내부 인테리어 자재는 분양하는 빌라 수준으로 한다고 하면 좋은 마감이라고 할 수 있다.

건축설계를 맡길
설계사무소 계약하기

공사를 하는 시공사와 도급 계약까지 끝낸 나건축 씨는 이제 건축설계를 하는 설계사무소를 선정해서 계약을 해야 한다. 어떤 설계사무소와 계약을 해야 하고 설계범위는 어디까지 해야 하는 것일까?

설계사무소 선정은 토지를 매입하기 전에 가설계를 어떻게 뽑았는가에 따라 달라진다. 가설계를 할 때 비용을 지불했다면 가설계를 해준 설계사무소에 건축설계를 의뢰할 책임은 없기 때문에 마음 편하게 도급 계약을 맺은 시공사에 일임하는 방법이 있다. 이 경우에는 시공사와 도급계약서 작성 시 그 내용을 명시해도 된다.

시공사에 건축설계사무소 지정을 일임하면 시공사가 그동안 같이 일했던 설계사무소와 파트너가 되어 서로 손발을 잘 맞춰서 원활하게 일할 수 있다는 장점이 있다. 반면에 시공사가 기본 이하의 수준이라면 설계사무소 수준 역시 좋을 리 없기 때문에 최악의 상황이 될 수도 있다. 결국 시공사를 잘 만나는 것이 설계에도 영향을 미치는 것이다.

또 다른 방법은 가설계를 맡겼던 설계사무소와 계약을 하는 것이다. 가설계 시 비용을 주지 않고 나중에 건축을 할 때 설계를 맡기는 조건으로 가설계를 받았다면 도의적인 책임도 있으니 가급적 가설계를 맡긴 설계사무소와 건축 계약을 하는 것이 좋다. 또 개인적인 친분이 있거나 특별히 실력이 있고 일 처리를 잘하는 설계사무소를 알고 있다면 그 설계사무소와 계약을 해도 된다.

시공사의 파트너가 아닌 별도의 설계사무소와 계약을 하게 되면 건축주의 요구사항을 보다 잘 설계에 반영해줄 수도 있고 시공사에 일방적으로 유리하게 진행하지 않는 장점이 있다. 그러나 시공사와 갈등이 생겨 원활하게 진행되지 않을 수도 있고 시공사가 보유한 나름의 노하우가 제대로 반영되지 않을 수 있다는 단점도 있다.

설계 계약의 범위와 설계비용

설계사무소와 설계 계약을 할 때 계약의 범위는 건축설계만 계약하는 방법과 설계부터 사용승인까지 계약하는 방법이 있다. 건축설계만 계약하는 경우에는 설계비용이 조금은 저렴할 수 있으나 구조, 설비, 전기, 통신을 포함하는 조건이라면 가격은 비슷해질 수 있다.

건축설계부터 심의서류, 건축허가서류, 착공서류, 사용승인서류 등 사용승인까지 계약하는 것이 건축주 입장에선 편하기도 하고 가격 차이도 많이 나지 않아서 가장 일반적인 방법이다. 막상 해보면 각 심의·허가·신고 서류도 많은 시간과 수고가 필요한 일이기 때문에 가급적 설계부터 사용승인까지 포함해서 설계 계약을 할 것을 권한다.

설계사무소에 그냥 맡겨두는 것에 그칠 것이 아니라 미팅을 자주 하는 것이 좋다. 건축사와 설계 미팅을 할 때는 현장에서 조사한 건물 형태 및 외벽 자재, 실내 구조 등의 사진을 보여주면 건축사가 건축주의 성향과 스타일을 이해하는 데 도움이 된다.

시공사와 함께 건물 외관 자재 및 구조에 대해 자주 미팅을 가지는 것도 좋다. 건축사는 설계 전문가이지 현장 전문가가 아니다. 따라서 현장의 분위기와 흐름을 잘 아는 공인중개사를 통해 세대 수, 주택의 종류(원룸, 2룸, 3룸 등), 베란다 유무, 주방·거실 분리형, 빌트인 구조 등 임차인들이 원하는 구조 및 스타일 등의 정보를 얻고, 그것을 건축사에 알려주어서 설계에 반영할 수 있도록 해야 한다. 또 공사 전문가인 시공사의 노하우가 담긴 의견도 적극 반영해 주택의 구조와 옵션의 위치 등 유용한 공간구조가 나오는 건축물을 설계할 수 있도록 하는 것이 좋다.

건축설계비용은 건축 규모 및 건축물의 디자인에 따라 달라진다. 서울의 다세대, 다가구주택 기준 연면적 $3.3m^2$당 대략 10만 원 정도로 책정한다. 연면적이 $330m^2$(100평) 미만인 경우에는 최소 기준인 $330m^2$를 적용해 1천만 원 정도가 최소 가격이라고 생각하면 된다.

설계사에게 지불하는 설계비용은 협의사항으로, 특별히 정해진 것은 없지만 일반적으로 계약 시 20%, 허가 시 30%, 착공 시 30%, 사용승인

시 20%로 지급한다. 경미한 설계 변경이나 건축심의에 대한 추가비용은 없는 조건으로 하는 것이 좋다. 감리비는 감리가 분리되기 전까지는 설계비에 포함되어 책정되었으나 지금은 설계와 감리가 분리되어 별도로 지급해야 한다. 감리비는 서울 기준 $3.3m^2$당 대략 60만 원 정도다.

설계의 첫걸음,
건축도면 검토하기

건축설계사무소와 계약하기 이전에 꼬마빌딩 건축을 위한 가설계를 먼저 진행할 수도 있지만 그것은 건축 타당성을 확인하기 위한, 말 그대로 가설계일 뿐이다. 이제는 실제 꼬마빌딩 건축을 위한 진짜 건축설계를 하고 건축도면이 나오면 시공사와 함께 검토해야 한다. 설계사무소는 설계 전문이지만 실제로 건축을 하는 주체는 아니기 때문에 시공사와 여러 번 미팅을 한 후에 설계를 하게 된다. 기초도면과 가도면을 작성하고 수정을 거치고 나면 최종도면이 완성된다. 그 과정을 살펴보고 각 도면에는 무엇이 들어가는지 알아보겠다.

기초도면 그리기

우선 설계사무소와 시공사와의 첫 번째 미팅에서는 최대한 상세하게 건축주의 요구사항을 설명해야 한다. 근생과 주택을 혼합한 상가주택으로 할지 주택으로만 할지 상가로만 할지를 정해야 하고, 나건축 씨처럼 상가주택으로 한다면 1층만 근생으로 할지 1, 2층 모두 근생으로 할지 정해야 한다. 또 3, 4층 주택은 원룸으로만 할지 원룸과 2룸을 섞을지 2룸만으로 할지, 4층은 주인 세대가 거주할 수 있는 3룸으로 할지 의견을 주어야 한다. 이런 건축주의 요구조건을 반영해 설계사무소에서는 아래와 같이 대략적인 기초도면을 수기로 그려서 건축주와 서로 협의한다.

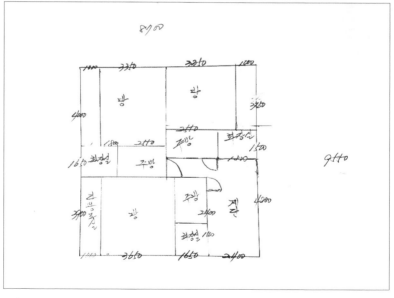

| 기초도면

가도면 작성하기

수기로 기초도면을 작성한 후 건축주와 협의가 되면 아래 사진과 같이 가도면을 작성하게 된다. 가도면이 나오면 건축주는 시공사와 함께 수정이 필요한 부분을 체크해야 한다. 건축주는 건축 전문가가 아닌 만큼 가급적 건축을 하는 주체인 시공사의 의견을 듣고 반영하는 것이 좋다.

기초도면과 가도면 과정은 설계사무소와 계약한 후 본 설계 전에 할 수도 있고 설계사무소와 계약하기 이전이라도 건축 타당성을 확인하기 위해 먼저 진행할 수도 있다.

가도면은 건축 최종 설계도면을 확정하기 전에 꼼꼼하게 검토해 수정 사항을 반영해야 한다. 건축주가 좋아하는 스타일뿐만 아니라 현장 상황에 적합한 세대 수와 주택의 종류, 임차인들이 원하는 구조와 스타일, 옵션 등이 설계에 반영되면 향후 공실을 줄이는 데 도움이 된다.

| 가도면(왼쪽)과 가도면 수정(오른쪽)

최종도면 작성하기

가도면 수정사항을 체크해 변경하면 다음과 같이 최종도면이 완성된다. 최종도면은 건축 시 모든 공정의 가이드라인이 되는 매우 중요한 자료다.

최종도면에는 건축하고자 하는 꼬마빌딩의 위치, 대지면적, 층별 용도 등이 담긴 개요서와 건물배치도, 오수와 우수 계획도, 대지 종과 횡단면도, 면적산출표, 각 층별 평면도, 정면도, 우측면도, 좌측면도, 배면도, 주단면도, 각 층별 창호평면도, 각 층별 구조평면도, 주택 부분 벽체평면도 등 건축에 필요한 모든 건축도면에 대한 내용이 포함되어 있다.

| 최종도면 개요

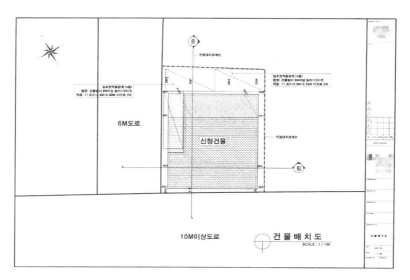

| 최종도면 건물배치도

| 최종도면 3층 평면도

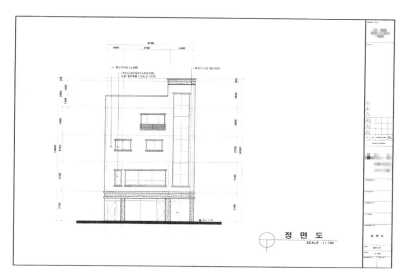

| 최종도면 정면도

　건축도면대로 건축이 진행되기 때문에 건축도면은 건축의 기본이 되
는 매우 중요한 단계다. 건축설계사무소가 설계 전문가이긴 하지만 건축
주의 의견과 기호를 알 수는 없다. 무조건 맡기지만 말고 적극적으로 의
견을 말해서 설계에 반영하도록 하자.

문화재보호구역이라면
문화재 심의는 필수다

설계를 완성했으면 건축심의를 받아야 한다. 건축 관련 심의는 지방자치단체마다 일정이 다르기 때문에 반드시 심의 일정을 확인해 철저히 준비하지 않으면 사업이 지연되는 일이 발생한다. 서울시의 경우 보통 한 달에 한 번 정도 건축심의가 이루어지는데 심의를 통과하지 못하면 한두 달 건축이 지연되기도 한다. 사업이 지연되면 손실이 발생하기 때문에 쉽게 생각해서는 안 된다.

설계가 끝났으니 이제 건축허가를 받으면 되겠다고 생각한 나건축 씨는 문화재 심의를 받아야 한다는 말을 들었다. 경주도 아닌데 문화재 심의라니 이게 무슨 말인가 싶기도 할 것이다. 경주가 아니더라도 문화재

보호구역으로 지정된 곳은 건축허가를 받아야 한다. 문화재 중에서 그 보전이 필요하다고 인정되는 경우에 문화재청장이나 시·도지사가 문화재 심의위원회의 심의를 거쳐 이를 지정문화재나 등록문화재 등으로 지정할 수 있다. 이렇게 지정된 문화재를 보호하기 위해서 문화재보호구역으로 지정해 규정된 행위제한을 할 수 있다. 문화재보호구역은 토지이용계획확인원을 열람해보면 확인이 가능하다.

지정문화재 중 국가지정문화재 구역으로 지정되면 건축 전에 다음과 같은 행위가 추가된다.

1. 건축허가 전 사적지정 토지를 각 지자체에 철회신청을 해야 한다.
2. 국가지정문화재 현상변경 신청에 따른 문화재 심의를 받아야 한다.

| 터파기 때 문화재 조사원들이 현장조사를 하는 모습

국가지정(등록)문화재 현상변경 등 허가신청서

(앞쪽)

접수번호		접수일자		처리기간	30일

신 청 인	성 명			생년월일 (사업자)	
	주 소				

대상문화재	명 칭	서울 풍납동 토성			
	종 류	사적	지정(등록)번호	제 11 호	수량 1
	소재지(보관 장소) 서울시 송파구 풍납동 72-1 외1				

보호구역·보호물	서울 풍납동 토성

신 청 사 유	신축 (근생 및 다가구주택)

신 청 내 용	위 치	
	내 용	다가구주택 4층
	사 유	노후로 인한 신축

착공및준공 예정연월일	착 공	2017.04.15
	준 공	2017.08.15

소 요 경 비	원 재원

그 밖 의 사 항	

「문화재보호법」 제35조·제56조제2항, 같은 법 시행령 제21조·제34조 및 같은 법 시행규칙 제14
조·제39조에 따라 위와 같이 국가지정(등록)문화재의 현상변경 등의 허가를 신청합니다.

2017 년　　　월　　　일

신청인

문화재청장 귀하

첨부서류	1. 설계도서 2. 현상변경 등 행위의 대상이 「건축법」 제11조에 따른 허가대상 건축물일 경우에는 기본 　설계도서(건축계획서·배치도·평면도·입면도·단면도), 같은 법 제14조에 따른 신고대 　상 건축물일 경우에는 건축계획서 3. 현장사진	수 수 료 없 음

| 문화재 심의 허가신청서

현행「문화재보호법」상 특정인이 문화재 주변 일정 구간에 건축행위를 할 경우 문화재 및 역사문화경관을 보존하기 위해 문화재청장의 허가를 받아야 한다. 국가지정문화재의 현상변경 허가사항은 문화재위원회 심의사항으로 규정되어 있어서 반드시 심의절차를 준수해야 한다.

문화재 심의에 따라 건축을 하기 위해 소요되는 인허가 기간은 문화재의 종류에 따라, 즉 국가지정문화재인지 시·도지정문화재인지에 따라 달라지기도 한다. 문화재 원래의 모양이나 현재의 상태를 바꾸는 행위인 문화재 현상변경 시 필요한 설계도서는 기본도서만 필요하며 일주일 정도 설계도서 작성 등 사전 준비를 하면 된다. 문화재 현상변경에 대한 심의(문화재 심의)는 서울의 경우 매달 1회 셋째 주 수요일에 있으며 기간은 2~3주 정도 소요된다.

나건축 씨가 건축하려는 토지는 문화재보호구역으로 지정되어 있는 송파구 풍납동에 위치해 있어서 이런 문화재 심의 과정이 필요한 것이다. 문화재보호구역이 아닌 지역에서는 문화재 심의절차가 필요 없다.

건축 전 단계의 필수 코스,
건축허가 받기

문화재 심의까지 완료한 나건축 씨는 이제 건축허가를 받아야 한다. 건축물을 건축하거나 대수선, 용도변경을 하고자 할 때 관할 지방자치단체장(시장, 군수, 구청장)의 허가를 받는 것을 건축허가(建築許可)라고 한다. 원칙적으로는 토지 소유주인 건축주가 건축허가를 신청하고 받아야 한다. 물론 설계사무소에서 대행해주기 때문에 건축주가 건축허가를 받기 위해 직접 뛰어다닐 필요는 없지만 건축허가가 무엇이고 어떤 서류가 필요하며 무엇을 주의해야 하는지 정도는 알고 있어야 한다.

건축허가를 위한 준비서류는 다음과 같다.

1. 건축계획서

2. 공사용 도면(평면도, 입면도, 단면도)

3. 구조·설비·전기·통신 도면 시방서

4. 소방설비도(건축연면적 또는 주 용도에 따라 다름)

5. 건축폐기물 처리계획서

6. 급수공사신청서

7. 급수계획서

8. 정화조 설치신고서(오수량산정표, 설계사양서)

지방자치단체마다 허가에 필요한 서류는 차이가 있을 수 있으니 허가 부서에 확인한 후 준비하면 된다. 건축허가는 각 지방자치단체 시·군· 구청 건축과에서 처리하는데, 15일 정도 걸리는 것이 일반적이며 수정이 나 보안 명령이 나오지 않으면 7일 이내에 처리되기도 한다. 건축허가 수 수료는 연면적 합계에 따라 2,700원에서 최대 30만m^2 이상은 100만 원 이 넘기도 하지만 보통 꼬마빌딩은 몇 만 원 수준이다.

건축허가는 설계사무소에서 대행해주더라도 토지 소유주 명의로 신 청해야 한다. 잔금을 하고 소유권이전등기를 한 후 정식으로 허가를 받 으려면 2개월 이상의 시간이 소요된다. 그렇기 때문에 이런 불필요한 시 간을 단축하려면 계약 시 특약사항에 건축허가는 현 토지 소유주로 하고 소유권이전 후에 건축관계자 명의변경을 하는 것으로 하면 신축 사업기 간을 단축할 수 있는 하나의 방법이 된다. 그래서 계약 시 매도인이 건 축, 특히 건축허가에 협조해줄 것을 요청하고 이 내용을 계약서에 명시 하는 것이 좋다.

　　　　　　　세움터(www.eais.go.kr)에서도 신청할 수 있습니다.

건축·대수선·용도 변경허가신청서

· 어두운 란(　　)은 신청인이 작성하지 아니하며, [ ]에는 해당하는 곳에 √표시를 합니다.　　　　　　　　　(7쪽 중 제1쪽)

허가번호 (엽도-기관코드-업무구분-허가일련번호)	접수번호	접수일자	처리일자
2017-건축과-신축허가-50	2017-3230000-0229203	2017-03-07	2017-03-15

건축구분	[✔] 신축　　[　] 증축　　[　] 개축　　[　] 재축　　[　] 이전　　[　] 대수선 [　] 허가사항 변경　　[　] 용도변경　　[　] 가설건축물 건축

<table>
<tr><td rowspan="5">①건축주</td><td>성명(법인명)</td><td colspan="2">생년월일(사업자 또는 법인등록번호)</td></tr>
<tr><td>주소</td><td colspan="2">（전화번호: ）</td></tr>
<tr><td colspan="3">「행정절차법」 제14조에 따라 정보통신망을 이용한 각종 부담금 부과 사전통지 등의 문서 송달에 동의합니다.</td></tr>
<tr><td>전자우편
송달동의</td><td>[　] 동의함　　　　　　　[✔] 동의하지 않음
건축주　　　　노영미　　　　　　　　（서명 또는 인）</td><td></td></tr>
<tr><td>전자우편 주소</td><td colspan="2"></td></tr>
</table>

<table>
<tr><td rowspan="3">②설계자</td><td>성명</td><td>자격번호</td></tr>
<tr><td>사무소명
（서명 또는 인）</td><td>신고번호</td></tr>
<tr><td>사무소주소</td><td>（전화번호: ）</td></tr>
</table>

<table>
<tr><td rowspan="5">③대지조건</td><td>대지위치</td><td>서울특별시 송파구 풍납동</td></tr>
<tr><td>지번</td><td>관련지번</td></tr>
<tr><td>지목
대</td><td>용도지역
제2종일반주거지역</td></tr>
<tr><td>용도지구</td><td>용도구역</td></tr>
</table>

· 대수선의 경우에는 대수선 개요(IV)만 적되, 대수선으로 인하여 총별 개요와 동별 개요의 (주)구조가 변경되는 경우에는 변경되는 (주)구조를 동별 개요와 총별 개요에 적습니다.
· 건축구분에 관계없이 전체 건축물에 대한 개요를 적습니다.

I. 전체 개요

대지면적	139 ㎡	건축면적	83.08 ㎡
건폐율	59.77 %	연면적 합계	277.55 ㎡
연면적 합계(용적률 산정용)	277.55 ㎡	용적률	199.68 %
④건축물 명칭		주건축물수　　　1 동	부속건축물　　　　동　　㎡
⑤주용도	단독주택(다가구주택 및 근린생활시설)	세대/호/가구수　　세대　　호　　3 가구	총 주차대수　　3 대
주택을 포함하는 경우 세대/가구/호별 평균전용면적			㎡

210㎜×297㎜[보존용지(2종) 70g/㎡]

| 건축허가 신청서

■ 건축법 시행규칙 [별지 제2호서식] <개정 2011.4.1>

건축 · 대수선 · 용도변경 허가서

· 건축물의 용도/규모는 전체 건축물의 개요입니다.

건축구분	신축	허가번호	
건축주			
대지위치	서울특별시 송파구 풍납동 ▓▓▓ ▓		
대지면적			139 ㎡
건축물명	▓▓▓▓▓	주용도	단독주택(다가구주택 및 근린생활시설)
건축면적	83.08 ㎡	건폐율	59.77 %
연면적 합계	277.55 ㎡	용적률	199.68 %
가설건축물 존치기간			

동고유번호	동명칭 및 번호	연면적(㎡)	동고유번호	동명칭 및 번호	연면적(㎡)
1	주건축물제1동	277.55			

귀하께서 제출하신 건축 · 대수선 · 용도변경허가신청서는 건축법령의 규정에 적합하므로 건축 · 대수선 · 용도변경허가서를 「건축법 시행규칙」 제8조 · 제12조의2에 따라 교부합니다.

2017년 03월 15일

송파구청장

210mm×297mm [보존용지(2종) 70g/㎡]

| 건축허가서

그리고 건축허가 시 근린생활시설(상가주택)은 건축물대장상 주택 부분이 상가 부분보다 1m²라도 커야 매도 시 양도소득세를 주택으로 인정받을 수 있다. 그렇게 되면 1주택 9억 원 미만 양도세 비과세를 받을 수 있으므로 건축허가 전 설계단계에서 가급적 주택 부분을 더 키울 수 있는 방법이 없는지 건축설계사와 상의하는 것이 좋다. 다만 현실적으로 주택 부분의 일조권 사선제한과 주차 대수 추가 문제 때문에 주택 부분을 늘리는 것이 그리 쉽지는 않다.

기존 건축물 철거를 위한
건축멸실신고

건축심의를 받은 나건축 씨는 건물 철거를 위한 멸실(滅失)신고를 하려고 한다. 건물 멸실은 건축심의 전에 해도 되고 건축허가 전 또는 건축허가 후에 해도 된다. 멸실 순서가 문제 되지는 않지만 건축심의 통과에 문제가 있거나 뜻하지 않은 다른 문제가 발생할 수도 있으므로 가급적 건축허가 후에 멸실을 하는 것이 좋다. 건축멸실신고 절차는 다음과 같다.

석면조사 결과서 발급 ⋯ 건축물철거·멸실신고서 작성 ⋯ 건축물철거·
멸실신고 필증 발급 ⋯ 건축물대장 말소신청 ⋯ 건축멸실등기 신청

1) 석면조사 결과서 발급

연면적 50m² (주택은 200m²) 이상 건축물을 철거하려면 노동부에 등록된 석면조사 지정기관에 의뢰해 석면 사전조사를 실시해야 한다. 위반 시에는 과태료가 부과된다. 석면 사전조사를 하면 아래와 같이 석면조사 결과서를 발급해준다. 석면조사 결과서는 건축물철거·멸실신고를 할 때 필요하다.

| 석면조사 결과서

2) 건축물철거·멸실신고서 작성

건축물을 신축하기 위해 자의로 철거하는 경우 철거 예정일 7일 전까지 특별자치도 도지사나 시장, 군수, 구청장에게 건축물철거·멸실신고서를 제출해야 한다. 신고서뿐만 아니라 건축물해체 공사계획서와 석면조사 결과서도 같이 첨부해 제출해야 한다.

| 건축물철거·멸실신고서

3) 건축물철거·멸실신고 필증 발급

석면이 있다면 석면철거 실시공사(석면철거 대행업체가 시행)를 완료한
후 사진과 지정폐기물 처리확인서를 제출해야 한다. 석면이 없다면 신고
필증이 발급되며 바로 철거공사를 실시할 수 있다. 철거공사는 비계구조
물 해체 면허 보유업체에 의뢰해 철거를 실시하면 된다. 철거가 완료되
면 건설폐기물 처리확인서를 받아야 한다. 건설폐기물 처리확인서는 건
축물대장 말소신청 시 필요한 서류다.

| 건축물철거·멸실신고 필증 양식

4) 건축물대장 말소신청

실제 건물이 철거된 후에는 건축물대장을 말소해야 한다. 건축물대장 말소신청에 필요한 서류로는 건축물대장 말소신청서, 석면 사전조사 결과서(석면이 없는 경우 필요 없음), 건설폐기물 처리확인서, 정화조 청소 영수증, 철거 전과 후 사진이 있다.

| 건축물대장 말소신청서

5) 건축멸실등기 신청

건축물대장이 말소되었으면 이제 건축멸실등기 신청을 해야 한다. 무허가 건물의 경우 당해 건물의 부존재(멸실)를 증명하는 부존재사실 증명확인원을 첨부해야 한다. 부존재사실 증명확인원은 관할 시·군·구청장이 발급한다. 건축물대장이 말소되고 멸실등기가 완료되면 조금 귀찮더라도 멸실확인서를 발급받아보는 것이 좋다. 건축물대장 말소 후 1개월 이내에 건축멸실등기 신청을 해야 하며 위반 시 과태료 5만 원이 부과된다.

본격적인 건축을 시작하기 위한 착공신고

건축물멸실등기가 끝났으면 경계복원측량을 한 후 측량 성과도를 확보해야 한다. 건축물을 멸실하고 착공신고를 하기 전에 지적측량(경계복원측량)이 실시되는데 측량에 대해서는 3장에서 더 자세하게 설명하도록 하겠다.

본격적인 공사를 시작하기 위해서는 착공신고를 해야 한다. 착공신고는 건축허가를 받거나 신고를 한 건축물의 공사를 착수하고자 하는 경우 허가권자(시·군·구청장)에게 신고하는 절차다.

착공신고 시 필요한 서류는 다음과 같다.

1. 착공신고서

2. 설계도서

3. 현장대리인(기술자자격증, 경력증명서)

4. 공사 도급 계약서 사본

5. 감리계약서 사본

6. 시공보증서

7. 석면조사 결과서

8. 전기, 정보통신공사 도급 계약서

9. 특정공사 사전신고 필증

10. 비산먼지 발생신고 필증(연면적 1,000m² 이상만 해당)

11. 측량 성과도

12. 공사예정표

13. 현장 사진

착공신고에 필요한 서류는 각 지방자치단체 허가 부서에 따라 차이가 있을 수 있으니 확인한 후에 준비하면 된다. 착공신고에 필요한 서류를 준비해 각 시·군·구청 건축과에 제출하면 1~2일 이내에 착공신고 필증을 교부받을 수 있다. 착공신고 필증을 교부받으면 본격적인 공사를 시작할 수 있다.

다만 건축허가를 받은 날 또는 신고를 한 날로부터 1년 이내에 공사에 착수하지 않으면 허가가 취소되니 주의가 필요하다. 정당한 이유가 있다고 인정되면 1년의 범위 안에서 연장이 가능하며 최대 2년까지는 착공 연기가 가능하다.

■건축법 시행규칙 [별지 제13호서식] <개정 2016.7.20.>

세움터(www.eais.go.kr)에서도
신청할 수 있습니다.

착 공 신 고 서

· 어두운 란(███)은 신고인이 작성하지 아니하며, [ ]에는 해당하는 곳에 √ 표시를 합니다.

(2면중 제1면)

접수번호 2017-3230000-0285669	접수일자 2017-03-29	처리일자 2017-03-30	처리기간	1일

신고인	건축주	███		
	전화번호	(전화번호 : ███)		
	주소	███████ ██ ██ ██████		

대지위치	서울특별시 송파구 풍납동	지번	
허가(신고)번호		허가(신고)일자	2017년03월15일
착공예정일자	2017년04월10일	준공예정일자	2018년04월10일

① 설계자	성명	███ (서명 또는 인)	자격번호	
	사무소명	███	신고번호	
	사무소주소			(전화번호 : ███)
	도급계약일자	2017년01월10일	도급금액	

② 공사시공자	성명	███ (서명 또는 인)	도급계약일자	
	회사명		도급금액	원
	생년월일(법인등록번호)	███	등록번호	
	주소			(전화번호 :)
	현장 배치 건설기술자	성명		
		자격증	자격번호	

③ 공사감리자	성명	███ (서명 또는 인)	자격번호	███
	사무소명	███	신고번호	
	사무소주소	████████		(전화번호 : ███)
	도급계약일자	2017년03월27일	도급금액	███

④ 현장관리인	성명	███ (서명 또는 인)	자격번호	███
	주소	██████████		(전화번호 : ███)

⑤ 건축물 석면 함유 유무	[ ] 천장재	[ ] 단열재	[ ] 지붕재
	[ ] 보온재	[ ] 기타	[ ] 해당 없음

⑥ 관계 전문기술자	분야	자격증	자격번호	주소
	( ) (서명 또는 인)			
	( ) (서명 또는 인)			
	( ) (서명 또는 인)			
	( ) (서명 또는 인)			

210mm×297mm[백상지(80g/㎡) 또는 중질지(80g/㎡)]

| 착공신고서

건축허가 취소규정

허가권자(시·군·구청장)는 제1항에 따라 허가를 받은 자가 다음 각 호의 어느 하나에 해당하면 허가를 취소해야 한다. 다만 제1호에 해당하는 경우로서 정당한 사유가 있다고 인정되면 1년의 범위에서 공사의 착수기간을 연장할 수 있다.

1. 허가를 받은 날로부터 1년 이내에 공사를 착수하지 아니한 경우
2. 허가를 받은 날로부터 1년 이내에 공사에 착수했으나 공사의 완료가 불가능하다고 인정되는 경우

상황에 따라서 예외 연장규정을 잘 활용하면 건축주에게 유리한 포인트가 될 수 있다. 토지를 보유한 소유자의 경우 「주차장법」 등의 규제가 재산 가치에 직접적인 영향을 크게 미치고 이런 규제들은 시간이 지날수록 강화되는 추세다. 따라서 이런 연장규정을 적절히 활용해 규제가 강화되기 전에 미리 건축허가를 받고 시간을 벌면서 건축을 하는 것이 유리하다.

예를 들어 서울시에서 2017년 10월부터 「주차장법」 규정이 강화되었다. 1~2년 후 신축 계획이 있거나 매도를 계획하고 있는 토지 소유주라면 「주차장법」이 강화되기 이전에 미리 허가를 받아놓을 경우, 토지를 구입한 매수인이 신축을 할 때 강화되기 이전 규정을 적용받는다. 그러면 강화된 「주차장법」이 적용되는 것보다 수익성이 좋아지기 때문에 토지 매매 시 보다 유리한 조건으로 거래가 가능할 것이다.

확인번호 :12S9-A61T-TMOR-AOAN-XMLH

■ 건축법 시행규칙 [별지 제15호서식]

착공신고필증

※ 건축물의 용도 및 규모는 전체 건축물의 개요입니다.

건축구분	신축	허가(신고)일자	2017년03월15일
건축주			
대지위치			
대지면적			139.0000 ㎡
건축물명칭		주용도	단독주택
건축면적	83.0800 ㎡	건폐율	59.7700 %
연면적	277.5500 ㎡	용적율	199.6800 %
착공예정일	2017년04월10일		

귀하께서 제출하신 착공신고서에 따라 착공신고필증을 「건축법 시행규칙」 제14조에 따라 교부합니다.

2017년03월30일

송파구청장

30304-25011일 98.12.28 제정승인   210mm×297mm [보존용지(2종) 70g/㎡]

| 착공신고필증

도급 계약, 설계, 건축착공신고 등의 건축 사전준비가 완료되면 이제는 설계대로 시공을 해야 한다. 건축을 하는 시공은 여러 공정이 있고 도급 계약을 맺은 시공사(건설사)가 책임 시공을 하겠지만 건축주도 공정별 진행내용을 파악하고 주의사항은 알고 있어야 한다. 다만 건축주가 모든 공정에 지나치게 관여하면 오히려 시공이 늦어질 수 있고 시공사와 갈등이 생길 수도 있으므로 공정단계별로 중요한 부분만 협의하고 체크하면 된다. 규모에 따라 차이는 있지만 일반적인 꼬마빌딩 건축은 4~6개월 정도의 시간이 소요된다. 이제부터 나건축 씨를 따라 꼬마빌딩 건축공정별 내용과 주의사항 및 노하우를 배워보자.

3장

꼬마빌딩 건축하기

건축을 시작하기 전에
기존 건축물 철거하기

드디어 나건축 씨는 본격적으로 꼬마빌딩 건축을 시작하게 되었다. 나건축 씨의 꼬마빌딩 건축 첫 번째 공정은 기존의 건물을 멸실(滅失)하는 철거다. 건축물은 없고 땅만 있는 나대지라면 철거가 필요 없겠지만 대부분 노후화된 단독주택이나 상가주택 등의 건축물을 구입한 후 꼬마빌딩으로 신축하는 경우가 많다. 건축물 멸실은 건축심의 전에 하든, 건축허가 전에 하든, 건축허가 후에 하든 순서는 상관없지만 혹시라도 생길지 모르는 문제에 대비하기 위해 가급적이면 안전하게 건축허가가 완료된 후에 철거(멸실)하는 것이 좋다.

　2장에서 설명했듯이 건축물을 철거하기 위해서는 건축물철거·멸실신고서를 작성해 석면조사 결과서, 건축물해체 공사계획서와 함께 관할 시·군·구청장에게 제출해야 한다. 건축물철거·멸실신고 필증을 발급받으면 철거를 위한 서류 작업은 끝났다. 이후 본격적인 철거공사에 들어가기에 앞서 전기, 수도, 가스 등을 신고한 후 미리 철거해야 한다. 또 전기는 공사를 할 때 사용할 수 있도록 인근 전봇대에 콘센트를 만들어놓아야 한다.

시공사는 건축을 하는 회사이지, 철거를 하는 회사는 아니므로 비계구조물 해체 면허를 보유한 철거전문업체로부터 견적을 받아서 검토한 후 철거업체를 선정하고 철거를 진행하면 된다. 철거 시 철거업체와의 다툼이나 인근 주민의 민원이 발생할 수 있기 때문에 가급적 건축 시공사에 철거비용을 주고 철거까지 일임해 진행하도록 하는 것이 좋다.

철거과정 살펴보기

철거 전에는 먼저 **비계**를 설치하고 안전과 분진 예방을 위해 부직포를 돌려준다. 도로와 철거 건물이 붙어 있을 때는 마대를 돌려주는 것도 좋다. 비계와 부직포까지 설치했다면 이제 본격적인 철거를 시작하게 된다. 철거 시 건물에 있는 벽돌 등을 잘 골라서 바닥을 흙으로 메울 때 같이 사용하고, 물을 뿌려서 땅을 잘 다지고 단단해질 수 있도록 하는 것이 좋다.

비계(아시바)는 시공과 정상 공사를 위해 보전적·임시적으로 설치 및 사용되며 공사 완료 후 해체 또는 철거되는 가설재(假設才) 중 하나다. 안전망을 설치하거나 높은 곳에서 공사를 할 수 있도록 임시로 설치하는 골격뼈대 또는 발판 정도로 이해하면 된다.

| 철거 시 비계와 부직포를 설치한 모습(왼쪽)과 건축물을 철거하는 모습(오른쪽)

철거 후에는 건설폐기물 처리확인서를 받아 건축물대장을 말소하고 1개월 이내에 건축멸실등기를 신청해야 하는데, 이는 통상적으로 철거 업체에서 진행한다. 철거 시 간혹 철거업체가 손해를 봤다며 견적 이상 의 비용을 요구하면서 다툼이 생길 수도 있다. 이렇게 분쟁이 생기는 경 우 철거업체에서 건축물대장을 말소하지 않는 경우도 있기 때문에 잔금 을 지불하기 전에 반드시 행정절차상 문제가 없는지 착공신고 때 필요한 서류를 미리 확인해야 한다. 이런 사소한 문제로 인해 건축기간이 길어 질 수 있고, 건축물대장이 말소되지 않으면 사용승인 서류를 받아주지 않아 사용승인 신청을 할 수 없기 때문에 미리 신경 써야 한다.

철거 시 발생하는 민원 대처법

철거를 할 때 여러 가지 민원이 발생할 수 있기 때문에 다음과 같은 주의 사항에 신경 써야 한다.

먼저 철거로 인해 발생할 수 있는 민원을 고려해서 인근 주택의 거주자 및 사용자들에게 미리 양해를 구한다. 음료수나 작은 선물을 건네는 것도 좋다. 또한 인근 주택의 거주자들이 집을 비우는 시간에 철거공사를 하는 것이 좋다. 가급적 주말이나 휴일은 피해야 한다. 간만에 쉬는데 철거소음이나 분진이 발생하면 기분 좋을 사람은 없을 것이다. 먼지 발생에 대비해 분진방지막을 설치하고 물을 충분히 뿌리면서 철거 작업을 진행해야 한다.

철거를 시작하기 전에 포크레인 기사님에게 건축물이 도로 방향으로 넘어지지 않게 다시 한 번 주의를 주는 것이 좋다. 안전망이 설치되어 있지만 철거되는 건물이 도로나 인도 쪽으로 넘어지게 되면 인사사고로 이어질 가능성이 크기 때문에 매우 주의해야 한다.

경계복원측량과
지적현황측량

철거가 완료되었다면 이제 대지경계선을 확인하기 위한 측량을 해야 한다. 꼬마빌딩을 신축하기 위해서는 2번의 측량이 실시된다. 지적측량에는 철거 후 대지경계를 확인하기 위한 경계복원측량과 준공 후 건물의 위치와 면적을 확인하는 지적현황측량이 있다. 측량 성과도는 지적도나 임야도의 근거가 되는 서류로 성과도만으로는 지적법상 권리를 주장할 수 없지만 착공신고와 사용승인 신청 시에 필요하기 때문에 반드시 보관하고 있어야 한다. 이제부터 경계복원측량과 지적현황측량, 이 2가지에 대해 좀 더 자세히 알아보겠다.

경계복원측량

경계복원측량은 기존 건물을 철거한 후 토지의 경계를 확인하기 위해 실시한다. 경계복원측량은 경계점좌표등록부에 등록된 좌표를 실지에 표시하거나, 점유하고 인접해 있는 토지의 경계가 일치하는지 확인해 추후 발생할 수 있는 인접 대지의 경계 침범 등 분쟁을 방지하고, 대지경계선으로부터 건축물의 이격(離隔)거리 등의 기준을 잡는 등 건축법에 맞도록 하기 위해 필요하다. 경계복원측량 성과도는 착공신고 시 필요하다. 경계복원측량은 시공사가 하는 게 아니라 철거 후 각 시·군·구 지적과 등 담당 부서나 한국국토정보공사에 신청하면 2~3주 정도 이내에 담당자가 직접 와서 측량을 한다. 측량은 1~2시간 정도 걸린다.

| 경계복원측량을 하는 모습

지적현황측량

두 번째 측량은 신축 완료 후 사용승인 검사를 신청하기 위해 건축물의 위치와 면적을 확인하는 지적현황측량이다. 지적현황측량은 지상 구조물 또는 지형물이 점유하고 있는 위치 현황을 지적도 등에 등록된 경계와 대비해 그 관계 위치 표시 및 면적을 알기 위한 것으로, 완공 후 사용승인 신청 시 필요하다. 지적현황측량이 완료되면 측량 성과도에 그 결과가 표시되어 발급된다. 측량 완료 후 지적측량 결과부와 경계복원측량 성과도는 수령해 보관하고 있어야 한다.

| 지적측량 결과부와 측량 성과도

임시로 설치했다가
해체되는 가설공사

가설(假設)공사는 본공사 각 시공단계마다 임시로 설치해 사용되다가 공사 완료 후 해체 또는 철거되는 가설재 공사를 말한다. 건축물 철거 시에 사용하고 해체한 비계와 분진방지막도 가설공사다. 1층 기둥 및 2층 바닥 철근 콘크리트 공사 시 설치되는 동바리(써포트), 2층 기둥과 3층 바닥 철근 콘크리트 공사 시 다시 설치되는 비계, 철근 콘크리트 공사 시 진행되는 거푸집 설치 및 해체공사 모두 가설공사에 해당한다. 이런 가설공사는 공사 처음부터 외벽공사 때까지 이어진다.

비계(아시바)

건축공사 시 분진방지막 또는 안전망을 설치하거나 높은 곳에서 공사를 할 수 있도록 설치하는 임시 가설물이 비계다. 비계가 설치되면 작업인력들이 재료를 운반하거나 작업 발판 및 통로로 사용할 수 있다.

비계는 철거공사를 할 때 철거업체에서 분진방지막을 설치하기 위해 사용되다가 철거가 끝난 후 해체한다. 그다음 2층 기둥과 3층 바닥철근 콘크리트 공사를 할 때 다시 설치되어 안전망을 치거나 재료 운반, 작업 발판, 통로 등으로 사용되며 외벽공사가 끝나면 철거된다.

| 비계와 안전망을 설치한 모습

동바리(써포트)

동바리(써포트)는 천장(슬래브)을 지지하는 지주(支柱) 용도로 사용하는 임시 가설물이다. 특정한 지주에 힘이 집중되지 않고 각 지주에 고른 힘이 분산되도록 설치해야 한다. 동바리는 1층 기둥 및 2층 바닥 철근 콘크리트 공사를 할 때 설치되었다가 철근 콘크리트 공사가 완료된 후 철거된다.

　뒤쪽의 철근 콘크리트 공사 부분에서 더 자세하게 설명하겠지만 1층은 하중을 가장 많이 받으므로 1층 동바리는 충분한 시간을 주고 나서 제거하는 것이 좋다.

| 동바리와 거푸집이 설치된 모습

거푸집(형틀)

기둥, 바닥, 벽 등 콘크리트를 부어 만들 모양의 틀을 거푸집(form)이라 하며 형틀이라고도 한다. 거푸집을 규격에 맞게 제작한 것은 유로폼이라고 한다. 거푸집을 설치한 후 콘크리트를 넣고 콘크리트가 굳으면 틀을 떼어내 콘크리트 형태를 완성한다. 다시 말해 거푸집은 콘크리트가 굳을 때까지 받쳐주는 역할을 하는 것이다. 목재, 합판, 강판, 플라스틱 등이 이용된다.

거푸집은 일회용이 아니라 재사용이 가능하다. 그런데 재사용하는 거푸집의 표면이 깨끗이 청소가 되어 있지 않고 기존에 사용했던 콘크리트가 붙어 있는 등 표면 상태가 좋지 않으면 건물 외부면에 곰보처럼 작은 구멍이 생기는 원인이 된다.

거푸집은 지정공사인 버림 콘크리트 타설 시에는 필요 없고 철근 콘크리트 공사부터 사용된다.

토지의 기반을 다지는 지정공사

기존 건물을 철거하고 경계복원을 한 후 착공허가를 받은 나건축 씨는 이제 본격적인 건축공사에 들어가려고 한다. 나건축 씨를 기다리고 있는 건축공사의 첫 단계는 지정공사다. 철거와 측량이 끝나면 지정공사를 시작해야 한다.

기초체력이 좋은 운동선수가 오랫동안 잘 뛸 수 있듯이 지정공사가 잘된 꼬마빌딩이 안전성도 높고 수명도 길다. 지정공사는 건축물을 지지할 수 있도록 토지의 기반을 다지는 매우 중요한 공사로 터파기, 잡석다짐, 버림 콘크리트 등이 있는데 주로 현장에서는 이 모든 것을 총칭해서 '버림친다'라고 한다.

터파기

꼬마빌딩을 건축할 때 건축물의 기초를 구축하기 위해 지면의 흙을 파내는 것을 터파기라고 한다. 터파기는 설계도면대로 깊이를 산정하며 보통 700~800mm 정도의 깊이로 한다. 다만 건물의 크기나 토질의 상태에 따라 깊이는 달라질 수 있다.

터파기를 할 때 발생하는 토사는 일부는 반출하고 일부는 되메우기에 사용한다. 문화재 심의를 거쳐야 하는 곳이라면 터파기 때 문화재 조사원들이 현장조사를 나와서 유물이 있는지 확인하는 작업도 같이 진행하게 된다.

| 터파기를 하는 모습

잡석다짐

지면을 평평하고 단단하게 다지기 위해 잡석을 다지는 것을 잡석다짐이라고 한다. 지반 상태에 따라 달라질 수 있지만 보통 200~300mm 정도로 잡석다짐을 한다. 잡석다짐 후에 그 위에 단열재 시공을 하고 비닐을 까는 것도 좋다.

버림 콘크리트

잡석다짐을 한 후 60~100mm 정도의 두께로 타설(콘크리트를 부어 시공하는 작업)을 한 후 지면을 평탄하게 하는 작업을 버림 콘크리트라고 한다. 건축물 상부의 하중을 골고루 분산시키고 설계상 정확한 위치와 수치를 잡기 위해 먹줄을 치는 데 필요한 작업공정이다.

| 잡석다짐(왼쪽)과 버림 콘크리트(오른쪽)

버림 콘크리트는 상부 구조에서 전달받는 하중을 지반에 전달하므로 관리가 잘못되면 건축물의 침하 등 문제가 생길 가능성이 있어 확실하게 관리해야 한다.

타설을 할 때 콘크리트 형태를 만들기 위해 사용되는 거푸집은 버림 콘크리트 공정에서는 필요하지 않다. 버림 콘크리트는 형태가 필요한 것이 아니라 잡석다짐을 한 후 바닥에 부어 평탄하게 작업을 하면 되기 때문이다.

철근 콘크리트 공사 1.
거푸집과 기초 철근 설치

바닥을 다지는 지정공사가 완료되면 건물을 올리는 철근 콘크리트 공사를 진행하게 된다. 지정공사를 끝낸 나건축 씨는 이제 건물이 올라가는 모습을 볼 수 있을 것이다. 건축주인 나건축 씨가 공사를 직접 하는 것은 아니지만 공사내용을 제대로 알고 있으면 시공사나 작업인부들과 대화가 잘 통하게 되고 보다 원활한 관계가 될 수 있다. 그렇게 되면 혹시 모를 다툼도 줄고 시공사 역시 조금 더 신경 쓰면서 공사를 할 수 있다.

철근 콘크리트 공사는 골조공사를 의미한다. 단독주택, 상가주택, 다가구주택 등의 꼬마빌딩은 일반적으로 철근 콘크리트 구조로 건축한다. 현장에서 말하는 철근 콘크리트 공사는 1층 거푸집 설치 및 기초 철근부터 기둥, 옥상(일반적으로 3~5층) 바닥공사와 방수공사까지를 말한다.

가설공사에서 배웠던 비계와 거푸집, 동바리 등의 가설재가 1층 바닥부터 각 층의 골조를 올릴 때 본격적으로 활용된다. 거푸집 설치 및 기초 철근, 결속, 설비구조, 전기설비 위치를 잡고 콘크리트 타설을 한 후 양생기간을 거쳐 본격적인 철근 콘크리트 공사가 시작된다.

거푸집 설치 및 기초 철근공사

철근 콘크리트 공사의 첫 번째는 거푸집 설치 및 기초 철근공사다. 기초 철근공사가 잘못되면 최악의 경우 아래 사진과 같이 완공 후 건물이 기울어지는 어처구니없는 일이 벌어지기도 한다.

| 부산의 기울어진 오피스텔 건물
자료 : 노컷뉴스

버림 콘크리트 위에 설계에 맞게 먹줄을 치고 철근을 배치한다. 먹줄을 치는 작업은 설계도면을 보면서 해야 하는 정교한 작업으로 숙련된 작업자가 해야 한다. 먹줄치기와 관련된 상세한 내용은 뒤에서 다시 설명하도록 하겠다.

철근 안쪽으로 설비 배관(오수, 우수)의 위치, 전기설비 위치를 바로잡아 바깥쪽에 거푸집을 설치해 기초 콘크리트 타설을 준비한다. 철근 두께도 설계에 맞는지 확인이 필요하다. 레벨(높낮이) 측량을 통해 수평이 맞는지, 어느 쪽이 더 높고 더 낮은지를 확인해가면서 작업해야 한다. 또한 기초 바닥 철근 작업 시 결속을 빠짐없이 했는지 확인하고 혹시 빠진 부분이 있다면 작업 지시를 해야 한다.

거푸집 설치 시 가장 중요한 것은 거푸집에 **타이**를 끼운 후 보강이 필요한 부분이 있다면 철근에 용접도 해야 한다는 것이다. 이는 콘크리트

| 거푸집 설치 및 기초 철근공사

타설 시 거푸집이 밖으로 밀리지 않게 하기 위함이다. 타설 전 거푸집에 원형파이프, 반생(철선), 목재 등을 이용해 거푸집이 터지지 않도록 보강작업을 하는 것이 좋다. 만약 타설 시 거푸집이 터지면 인사사고가 발생할 수도 있기 때문이다.

타이는 거푸집(폼)의 간격을 유지하며, 벌어지는 것을 방지하는 건축 자재로 폼 타이라고도 한다.

철근 콘크리트 공사 2.
기초 콘크리트 타설과 먹줄치기

거푸집 설치와 기초 철근공사가 끝난 다음에는 기초 콘크리트 타설과 먹줄치기가 진행된다. 기초 콘크리트 타설 시 양생에는 특별한 주의가 필요하며, 먹줄치기는 건물을 세우는 기초 작업으로 건물 방향의 틀어짐을 방지할 수 있다. 이에 대해 자세히 알아보자.

배근(配筋, arrangement of bar)은 철근을 설계에 따라 배열(소요 위치에 배치)하는 것이다.

기초 콘크리트 타설

기초 철근 **배근**과 설비 배관, 전기와 거푸집 설치가 끝나면 기초 콘크리트 타설을 해야 한다. 철근 배근 시 철근이 처지면 콘크리트가 들어갈 공간이 부족해질 수 있기 때문에 **스페이서**를 넣어 수평을 맞춰가면서 작업을 해야 한다.

스페이서는 타설 시 콘크리트의 하중을 이기지 못하고 휘어지는 현상을 예방하기 위해 사용하는 건축자재다.

콘크리트를 부어 넣는 타설 시에는 콘크리트가 빈틈없이 타설될 수 있도록 진동기를 이용하는데, 너무 과도하게 사용하면 오히려 한쪽으로 밀리는 부작용이 생길 수도 있다. 따라서 진동기를 사용할 때는 나름의 노하우가 필요하다.

또 타설 시 거푸집이 밖으로 밀리는 것을 방지하기 위해 거푸집에 타이를 끼우고 용접을 한 후 콘크리트 타설을 하는 경우도 있다. 기둥 위치의 철근은 타설면 위로 올라올 수 있도록 설치해야 한다.

그리고 무엇보다 타설 시에는 콘크리트 **양생**에 주의를 기울여야 한다. 콘크리트의 생명은 시공 후의 양생에 있다고 해도 과언이 아닐 정도로 양생은 콘크리트 공사에 가장 중요한 최종 작업이므로 아주 주의해서 시행해야 한다. 타설 후 2~3일

양생(養生, curing)은 콘크리트 타설이 끝난 후 온도, 하중, 오손, 파손 등의 유해한 영향을 받지 않도록 충분히 보호 관리하는 것으로 보양(保養)이라고도 한다.

| 기초 콘크리트 타설 공사하는 모습(왼쪽)과 타설 공사를 완료한 모습(오른쪽)

간은 충격을 주지 않도록 해야 하며, 여름철에는 수분 증발이 많기 때문에 물을 뿌려서 균열을 방지하는 것이 좋다. 타설 시에는 비가 오면 안 되지만 양생을 할 때는 적당량의 비가 오히려 도움이 된다. 겨울철에는 가급적 2℃ 이하로는 떨어지지 않도록 하고 영하로 떨어지는 날씨에는 가급적 타설을 피하는 것이 좋다.

먹줄치기

기초 콘크리트 타설 후에는 양생기간에 콘크리트 위에, 근생(상가)이면 기둥과 보(기둥과 기둥을 연결하는 건축부재), 주택이면 벽체를 세우기 위해 먹줄치기 작업이 진행된다. 먹줄치기 작업은 철근 콘크리트 공사의 한 공정으로서, 설계도면상의 치수에 따라 형판이나 자를 이용해 위치를 지정한 후 먹실을 사용해 직선을 표시하는 것으로 금 긋기라고도 한다. 작업자에 따라서 먹실 대신 테이프로 먹줄을 치는 경우도 있다.

먹줄치기 작업은 건물을 세우기 위한 기초 작업으로 경계선(건축선)을

| 먹줄치기 작업 중(왼쪽), 먹줄치기 작업 완료(오른쪽)

기준으로 설계도면 치수에 맞게 그려야 건물 방향이 틀어지는 것을 방지할 수 있다. 먹줄을 치기 전 실을 띄워서 하는 것도 좋으며 치수는 5~10 단위로 해야 현장에서 거푸집 작업이 수월하다. 작은 규모의 대지에 설계나 디자인이 복잡하게 된 건물은 치수가 복잡해서 기술과 경험이 풍부한 숙련된 작업자가 필요하다.

철근 콘크리트 공사 3.
1층 기둥과 천장

기초 콘크리트 양생이 완료되면 이제부터 본격적인 철근 콘크리트 공사가 진행된다. 철근 팀과 형틀 팀(목수 팀)이 투입되어 타설면(기초 콘크리트 바닥) 위로 올라온 철근(기둥이 되는 철근)을 잇는 철근 배근 작업을 하고, 철근 가공을 통해서 1층 기둥과 벽을 만든다.

　1층 기둥과 벽의 철근 배근 작업을 진행한 후 콘크리트 타설을 위한 거푸집을 설치한다. 거푸집은 콘크리트 타설 후 재사용되는데, 깨끗이 청소하면 다시 사용해도 콘크리트면이 깨끗하게 나온다. 그런데 청소를 제대로 하지 않고 계속 재사용하면 콘크리트가 붙어 있는 부분에 콘크리트가 계속 붙어 커지게 되면서 외부면에 곰보 같은 자국이 생기는 원인이

| 1층 기둥과 벽 만들기

된다. 거푸집 작업은 레벨(높낮이) 차이 없이 수평으로 이어져야 한다.

또한 거푸집 고정 작업 및 타설 시 콘크리트가 새어 나오지 않도록 거푸집 틈을 메우는 보강 작업을 철저히 하지 않으면 마감 때 힘들어진다. 바닥, 기둥철근 작업 후 배관 팀이 늦게 와서 철근 사이로 PVC 배관을 넣다가 배관이 깨지거나 금이 갈 수 있기 때문에 배관 팀과 철근 팀이 동시에 작업하는 것이 좋다. 배관 작업이 늦어진 경우에는 차라리 철근을 절단해 PVC 배관을 설치한 후 보강철근으로 연결해서 결속선을 보강해주는 편이 하자를 줄일 수 있다.

1층 기둥의 거푸집을 설치하면 1층 천장/슬래브(2층 바닥) 공사가 진행된다. 가설공사에서 배웠던 2층 바닥을 받치기 위한 동바리가 이때부터 사용된다. 이 작업이 진행될 때 건축주는 배관의 위치(오수, 우수 등),

| 1층 기둥 거푸집 공사

전기 배전반의 위치, 전기 콘센트의 위치, 창문의 높이 및 크기, 창틀의 철근보강 등이 제대로 되어 있는지 계속 살펴보아야 한다.

1층 기둥과 천장/슬래브(2층 바닥) 공사 후에는 오른쪽 사진과 같이 거푸집을 설치한다. 거푸집을 설치한 후에는 콘크리트 타설을 한다. 타설은 레미콘으로 하는데 레미콘 타설 시 끊지 않고 한 번에 하는 것이 좋다. 그렇지 않으면 크랙(crack), 누수 등 부실공사의 원인이 될 수 있기 때문이다. 거푸집이 붕괴되면 인사사고가 날 수도 있어 위험하기 때문에 타설 전 거푸집에 대한 보강조치가 되어야 한다. 콘크리트를 균형 있게 안배함으로써 타설이 한쪽으로 치우치면서 거푸집이 무너지거나 터지지 않도록 신경 써야 한다. 또 아래층에서 망치로 거푸집을 두들기면서 콘크리트가 거푸집에 제대로 채워졌는지 소리로 확인하는 것이 좋다.

| 1층 천장/슬래브(2층 바닥) 공사

| 1층 기둥과 1층 천장/슬래브(2층 바닥) 거푸집 설치

| 1층 천장/슬래브(2층 바닥) 콘크리트 타설

루베(cubic meter)는 콘크리트 양의 단위로 입방미터(㎥), 즉 세제곱미터에 해당하는 현장용어.

그리고 타설 전에 미리 콘크리트의 양(**루베**)을 예상하고 그에 맞게 신청되는지 확인해 타설 일정과 시간을 잡아야 한다. 타설의 양이 많으면 가급적 오전부터 타설공사를 하는 것이 좋다.

타설을 한 후에는 부실공사의 원인이 될 수 있으니 양생시간을 2~3일 정도로 충분히 주어야 한다. 1층 바닥과 마찬가지로 2층 바닥(1층 천장/슬래브)도 타설하고 양생이 되면 설계도면상의 치수에 맞춰서 먹줄치기를 한다.

철근 콘크리트 공사 4.
2층 기둥과 천장

기초 철근공사와 1층 철근 콘크리트 공사가 마무리되면 2층 기둥과 천장/슬래브(3층 바닥) 철근 콘크리트 공사가 기다리고 있다. 1층 기둥과 천장/슬래브(2층 바닥) 공사 때도 사용했지만 이때부터 안전과 작업 편의성을 위해 비계와 안전망이 본격적으로 설치된다. 2층, 3층, 4층 골조가 시공되면서 올라갈수록 비계와 안전망도 함께 올리면서 공사가 진행되는 것이다.

꼬마빌딩 건축 시 공정이 전부 비슷해 보이지만 근생과 주택은 차이가 있다. 근생의 구조는 단순해서 기둥과 보를 세우지만, 주택은 벽체를 세우고 방, 거실, 부엌, 화장실 등 구조도 복잡하고 달라서 주택으로 건축

| 2층 기둥 만들기

되는 층은 상가보다 더 신경을 써야 한다.

　나건축 씨가 건축하는 꼬마빌딩은 1층과 2층은 근생, 3층과 4층은 주택으로 짓기 때문에 2층도 기둥이 올라간다. 만약 나건축 씨가 2층을 주택으로 설계했다면 기둥 대신 벽체가 올라갔을 것이다. 그러나 3층부터가 주택이기 때문에 3층부터 벽체가 올라간다.

　1층 기둥을 만들었던 것처럼 철근 팀과 형틀 팀(목공 팀)이 투입되어 위 사진에서처럼 2층 바닥의 타설면 위로 올라온 철근을 잇고 가공해서 2층 기둥을 만든다. 근생과 주택이 혼재된 상가주택의 경우 근생 부분의 기둥과 보가 위층 주택 부분의 하중을 감당하기 때문에 기둥철근과 보철근의 두께와 결속을 잘 확인해야 한다.

　2층 기둥을 세우고 철근 배근 작업을 한 후에는 거푸집을 설치한다. 이

| 2층 천장 / 슬래브(3층 바닥) 거푸집 설치

때 작업자와 지나가는 행인들의 안전을 위해 비계와 안전망도 같이 설치한다. 비계는 작업자들의 발판 역할도 하기 때문에 2층 이상의 작업을 할 때 유용하게 사용된다. 거푸집 설치가 완료되면 2층 천장/슬래브(3층 바닥) 공사가 진행된다.

2층 천장/슬래브 공사를 한 후에는 3층 기둥을 위한 철근을 뽑고 3층 바닥 철근공사를 한다. 이때 각종 배관, 전기선, 전기 배전반, 전기 콘센트 등의 위치가 제대로 되어 있는지 확인해야 한다.

3층 바닥 철근공사까지 완료했으면 이제는 2층 기둥과 2층 천장/슬래브(3층 바닥)에 대한 콘크리트 타설을 한다. 하자와 안전사고 예방을 위해 3층 바닥의 콘크리트 타설 전 거푸집을 레벨 차이 없이 수평으로 설치하고, 고정 작업 및 충분한 보강조치를 꼭 해야 한다. 앞에서도 설명했듯

| 2층 천장/슬래브 공사

| 3층 바닥 철근, 설비 공사

| 3층 바닥 콘크리트 타설

이 콘크리트 타설 시 끊임없이 한 번에 쭉 타설 작업이 진행되어야 하자를 예방할 수 있다.

그리고 타설 후 2~3일 정도 양생시간을 충분히 주어야 한다. 양생이 제대로 되지 않으면 콘크리트 수명이 단축되고 균열이 발생할 수 있다. 양생 후에는 1층, 2층 바닥에 이어 3층 바닥도 먹줄을 도면상 치수에 맞게 잘 긋는다. 상황에 따라서 필요하다면 레벨 측정 후 조금 더 높일지 낮출지를 잘 판단해서 먹줄치기를 해야 한다.

나건축 씨가 짓는 꼬마빌딩은 3층부터 주택으로 설계되어 있어서 방, 주방, 거실, 부엌, 화장실 등이 있는 3층 바닥 먹줄치기는 근생인 1층과 2층보다 조금 더 복잡하다.

철근 콘크리트 공사 5.
3층 벽과 천장

1층과 2층의 근생 부분 공사가 끝났고 이제 주택 부분인 3층의 벽과 천장/슬래브(4층 바닥) 공사를 진행해야 한다. 만약 나건축 씨가 상가주택이 아닌 근생빌딩을 건축했다면 3층 벽이 아니라 기둥을 세웠을 것이다. 하지만 1층과 2층은 근생, 3층과 4층은 주택으로 설계되었기 때문에 주택 부분인 3층부터는 기둥 대신 벽이 올라간다. 기둥이 아닌 벽체로만 올라가기 때문에 철근 배근 작업 및 결속을 잘 확인해야 한다.

벽 철근 작업을 했으면 거푸집을 설치해야 한다. 철근 배근과 거푸집 작업 시 설비 팀과 전기 팀이 동시에 작업을 진행하기 때문에 PVC 배관이 중심에 잘 서 있는지, 화장실 및 주방 배관 연결부 외에 구멍이 나거

| 3층 벽 철근공사

나 깨진 곳은 없는지 꼼꼼하게 체크해야만 하자를 줄일 수 있다.

거푸집 작업 시 거푸집 목수들이 작업에 방해가 되면 콘센트 박스, PVC 배관, 전선관 등을 망치로 치는 경우가 가끔씩 있다. 이렇게 되면 전선관이 철근에 찍히거나 거푸집 사이에 끼어 끊어질 수도 있고 타설 시 위치가 변해 있거나 없어질 수도 있기 때문에, 결속선으로 잘 묶어주거나 거푸집에 끼지 않도록 잘 확인해야 한다. 철근 콘크리트 공사 후 전기배선을 전선관 사이에 넣어서 각 층별로 연결시켜주는데 끊어져 있거나 위치가 변해버리면 낭패가 아닐 수 없다.

3층 벽 거푸집을 설치했다면 3층 천장/슬래브(4층 바닥) 공사를 한 후 4층 바닥 철근 작업을 한다.

3층 천장/슬래브(4층 바닥) 공사까지 완료했으면 콘크리트 타설을 해야 한다. 콘크리트 타설 전 거푸집의 고정 작업과 보강조치는 반드시 필요하다.

거푸집

| 3층 벽 거푸집 공사

| 4층 바닥 철근공사

| 4층까지 올라간 비계와 안전망

3층 벽체와 천장/슬래브(4층 바닥)에 대한 콘크리트 타설 후 양생까지 잘 마무리되었으면 4층 주택의 구조와 설계에 맞춰서 먹줄치기를 한다. 이때도 역시 창문의 높이와 크기, 방, 거실, 주방, 화장실 등의 전기 콘센트 위치 등을 꼼꼼하게 체크해야 한다.

4층 벽과 천장공사는 3층 공사와 동일한 공정으로 진행된다. 다만 4층 천장은 옥상 바닥이기 때문에 단열재 시공 및 방수공사가 진행된다. 단열재 시공과 방수공사에 대해서는 뒤에서 상세히 설명하도록 하겠다.

별것 아니라고 생각할 수 있지만 이런 작은 과정들이 하나둘 모여서 조금 더 편리하게 공사를 할 수 있고 꼬마빌딩의 가치를 한 단계 더 올릴 수 있으며 여기에서 시공사와 건축주의 실력을 엿볼 수 있다.

철근 콘크리트 공사 6.
방수공사

건물의 방수는 건물의 하자 관리 측면에서 매우 중요하다. 누수(漏水)의 원인은 창문 틈으로 빗물이 들어오는 경우, 배관이 터지거나 위층 화장실 등에서 물이 새어 들어오는 경우, 건물 자체적으로 방수공사가 제대로 되지 않아 빗물이 스며드는 경우 등 다양하다.

누수는 건물의 하자이므로 임차인의 요청이 있으면 빨리 수리해주어야 한다. 하지만 누수공사는 건축 시 제대로 하지 않고 건물이 완공된 상태에서 하려면 어렵고 공사비용도 많이 들어간다.

오른쪽 사진은 바닥이 흥건해질 정도로 빗물이 스며들어 벽면까지 크게 훼손된 경우인데, 단순 공사가 아니라서 수리비용만 1천만 원이 넘게 소요되었다.

꼬마빌딩 신축은 공사기간을 짧게 잡는 경우가 많아서 콘크리트가 양생하면서 발생하는 습기가 많이 배출되며 그로 인해 곰팡이 등이 발생할 수 있다. 이런 경우에는 시간이 지나면서 마르기도 하니 시간이 해결해줄 수도 있지만 곰팡이는 물이 새는 누수나 외부와의 온도 차이로 습기가 차는 결로현상에 의해 더 많이 발생한다.

누수나 결로현상은 원인이 다양해 건축단계에서 제대로 된 시공을 해주는 것이 중요하다. 건물의 방수는 누수를 막는 목적 외에 건물의 수명과도 연관이 있다. 콘크리트 면에 수분이 흡수되면 건물의 수명이 짧아지기 때문에 건축단계에서 방수공사를 제대로 해야 한다.

방수공사는 재물방수와 조인트방수, 외벽방수로 구분할 수 있다.

곰팡이

| 누수로 바닥과 벽이 엉망이 된 현장

재물방수

물구배 작업은 빗물이 물배수구 쪽으로 잘 빠지게 하는 비스듬한 경사각을 만드는 공정이다. 물구배 작업이 제대로 되지 않으면 방수공사를 한 후에도 빗물이 고이는 문제가 생긴다.

미장(美裝, plaster work) 공사는 콘크리트 등을 미장 칼로 바르면서 마감공사를 하는 것이다.

재물방수는 옥상 콘크리트를 타설한 후 콘크리트가 굳지 않은 상태에서 방수액과 콘크리트를 섞어 미장 칼로 정리하면서 **물구배**를 잡아 **미장**을 완료하는 방수방법이다. 옥상 타설 시 진동 바이브레이터를 사용해 다짐을 한 후 초벌 미장 표면 작업을 한다. 어느 정도 수분이 빠져나가면 합판 신발을 신고 미장 칼로 물구배를 잡아가면서 미장을 잘해야 한다. 조인트 되는 부분(바닥과 벽면이 붙는 부분)을 위로 올려주는 방법으로 물이 밑으로 흘러서 빗물이 고임 없이 우수관으로 자연스럽게 흘러가도록 잡아주어야 하며, 이런 작업을 시간 차를 두고 2~3회 반복해야 한다.

| 재물방수 공사

140

| 조인트방수 공사

조인트방수

조인트방수는 골조 시공 시 한 번에 시공된 조인트 부분보다 이어 올라간 조인트 부분을 한 번 더 미장 처리해주는 방법이다. 1층 기초에 조인트 되는 부분, 일조권 베란다 조인트 부분 등에 먼지를 제거한 후 한 번 더 미장 작업을 해준다. 조인트방수가 제대로 되지 않으면 건물 완공 후 몇 년이 지나 바닥에 빗물이 새어 나오는 문제가 발생할 수 있고 심하게 지속되면 건물의 콘크리트 수명이 단축될 수도 있다.

외벽방수

외벽방수는 외벽 시공 공법에 따라 차이가 있다. 외벽이 대리석 마감일 경우에는 균열은 없으나 실리콘 탈착(脫着)으로 누수가 발생할 수 있다. 벽돌 마감일 경우에는 줄눈의 탈착으로 누수가 생길 수 있다. 이때 줄눈

(masonry joint)은 메지라고도 하며 돌, 벽돌, 타일 등의 이음새로 벽돌을 쌓을 경우 접합부의 틈을 말한다.

드라이비트 마감은 균열과 파손 시 누수가 되며 쉽게 상할 수 있는 공법이기 때문에 지속적인 관리가 필요하다. 물론 어떤 공법이라도 하자가 전혀 없을 수는 없고 관리를 잘해야 한다. 외벽 누수와 관련된 내용은 외벽 시공과 창호공사 부분에서 설명하겠다.

철근 콘크리트 공사 7.
철근 콘크리트 공사 완료

드디어 나건축 씨의 꼬마빌딩이 설계된 대로 4층까지 골조가 올라갔다. 4층까지 콘크리트 타설을 하고 양생까지 완료된 것이다. 비계에 설치된 안전망은 외벽공사를 할 때까지 필요하기 때문에 골조가 다 올라가더라도 제거하지 않는다.

각 층 콘크리트 양생 후에는 거푸집이 제거된다. 거푸집이 제거되면 신축 꼬마빌딩의 골조가 완성된다. 거푸집은 일시에 모두 제거되는 것이 아니라 콘크리트 타설 후 2~3일의 양생기간이 지나면 아래층부터 순차적으로 제거된다.

근생의 기둥과 보가 아닌 주택의 천장 및 벽의 경우 1~2층을 제외한

| 4층까지 올라간 골조

각 층은 타설을 하고 15일 정도 지난 후 동바리 해체 작업을 하며, 탑층 (꼭대기층)은 8일 정도의 시간을 갖는 것이 좋다.

거푸집은 1층부터 4층까지 모두 제거되며 각 층의 보와 천장을 받치고 있는 동바리는 1층을 제외하고 모두 제거된다. 1층은 하중을 가장 많이 받는 곳이므로 다른 층에 비해 거푸집은 제거되어도 동바리는 충분한 시간을 주는 것이 좋다.

보통 연면적 495m²(150평) 정도 이하의 꼬마빌딩은 일주일에 한 층 정도씩 철근 콘크리트 공사가 진행된다. 이때 타설 후 양생기간을 거쳐 거푸집 제거 작업을 할 때 천장(슬래브)을 받쳐놓은 동바리를 건드리거나 작업 시 불편하다는 이유로 중간중간 제거할 경우 미세한 균열이 생길

| 거푸집 제거(위)와 각 층 동바리 제거(아래)

수 있고 누수의 직접적인 원인이 될 수 있기 때문에 주의가 필요하다. 특히 화장실, 베란다 부분의 동바리는 충분히 양생되기 전까지는 동바리를 유지하는 것이 좋다.

1층은 최소한 20~30일 정도는 동바리로 하중을 받쳐주어야 한다. 특히 1층 보를 지지하는 동바리는 최소 40일 이상 제거하지 말고 받쳐주는

| 1층 슬래브 동바리 유지

| 1층 보 동바리 유지

것이 좋다. 1층 동바리를 충분한 시간 동안 받쳐주지 않으면 눈에 잘 보이지는 않지만 안쪽에 균열이 생길 가능성이 있기 때문에 주의가 필요하다.

보온·단열과 소음 방지를 위한 단열재 시공

단열재는 일정한 온도가 유지되도록 외부로의 열손실이나 열의 유입을 줄여주는 재료로, 건물의 보온과 단열, 층간 소음을 방지하기 위해 사용된다. 단열재는 주로 층간, 외벽, 탑층 천장, 필로티 1층 바닥 등에 시공된다. 층간 소음을 방지하기 위한 층간 단열재는 철근 콘크리트 공사 진행 중에 시공되며, 외벽 시공은 철근 콘크리트 공사 완료 후 진행하게 된다. 단열재의 종류는 스티로폼, 석고보드, 테크론(복합기능성 단열재) 등 다양하며 꼬마빌딩의 상황과 시공사가 선호하는 방식으로 선택해 진행하면 된다.

천장 시공

먼저 층간 소음을 막기 위한 천장 시공에 대해 알아보자. 천장 시공은 스티로폼 등의 단열재를 사용하는 방법과 콘크리트 타설을 두껍게 하는 방법이 있다. 단열재를 사용하는 경우에는 스티로폼 등의 단열재를 슬래브 공사 후 설치하고 철근공사를 한 후 콘크리트 타설을 한다.

　철근 콘크리트 공사 때 단열재를 부착하면 부착면이 고르지 않을 수 있고 거푸집을 떼어내는 과정에서 단열재가 망가질 수도 있기 때문에 철근 콘크리트 공사를 완료한 후에 시공하는 경우도 늘어나고 있다. 층간 단열재를 시공하면 층간 소음 방지에 도움이 되지만 단열재 두께만큼 천장 두께가 두꺼워지고 그러다 보면 건물의 높이가 높아진다. 건물이 높아지면 일조권 사선제한이 적용되는 경우 면적의 손실이 발생할 수 있다.

　이렇듯 일조권 사선제한의 영향을 받아 건물 높이에서 자유롭지 못한 경우에는 층간에 단열재를 시공하지 않고 층간 콘크리트 두께를 주로 200mm(20cm)로 시공한다. 즉 층간 스티로폼 등의 단열재를 사용하면

| 스티로폼 단열재(왼쪽)와 4층 천장 스티로폼 단열재 시공(오른쪽)

| 4층 천장(옥상) 스티로폼 단열재 시공 후 철근 배근

콘크리트 두께를 150mm 정도로 하고 단열재를 사용하지 않으면 200mm 정도로 하면 된다. 층간 콘크리트 두께는 설계 시 건축사와 충분히 협의한 후 시공하면 된다.

좁은 대지면적의 효율성을 감안해 나건축 씨는 층간 단열재를 사용하지 않고 콘크리트 두께를 200mm로 공사했다. 다만 꼭대기 4층의 경우에는 층간 소음보다 여름철과 겨울철에 보온 및 단열이 필요하기 때문에 콘크리트 두께를 200mm로 하면서도 스티로폼 시공을 했다.

외벽 단열재 시공

햇빛과 바람 등 외부환경에 노출되는 건물 외부에는 보온과 단열을 위해 단열재를 시공해야 한다. 건물 외벽에는 테크론이나 스티로폼을 주로 사

| 외벽 테크론 시공

용하고 건물 내벽에는 석고보드가 주로 사용되며 테크론이 사용되는 경우도 있다. 내벽공사는 바로 뒤에서 다시 상세히 설명하도록 하겠다.

나건축 씨는 건물 외벽에 테크론 단열재를 사용했다. 외벽 단열재는 스티로폼이나 40mm 정도의 테크론이 주로 사용된다. 스티로폼을 사용하면 벽면 두께가 두꺼워지기 때문에 대지면적이 넓어서 공간 활용에 제약이 없다면 스티로폼을 사용해도 된다. 하지만 나건축 씨처럼 대지면적(나건축 씨의 건물은 토지면적 139m², 42평)이 좁아서 조금의 면적도 아쉬운 상황이라면 외벽은 스티로폼보다 테크론을 사용하는 것이 좋다. 신축현장을 지나가다 보면 콘크리트 벽면에 반짝이는 은박 또는 금박지를 붙여놓은 것을 볼 수 있는데 이 반짝이는 은박 또는 금박지가 테크론이다.

외벽 단열재 시공이 잘 되면 단열 효과가 높아지고 화재 예방에도 도

| 외벽 테크론 시공을 한 건물

움이 되기 때문에 틈이 없이 꼼꼼하게 시공하는 것이 중요하다. 작은 틈이라도 생기면 습기와 곰팡이의 원인이 되는 결로현상이 발생할 수 있다. 특히 완공 후 이런 문제가 발생하면 원인을 찾는 것도 어렵고 하자 수리는 더 어렵다. 원인을 찾아도 비용이 많이 들기 때문에 가급적 단열재 시공 시 꼼꼼하게 처리해야 한다. 접착제 사용 시 단열재 중간뿐만 아니라 가장자리까지 골고루 발라주는 것이 좋다.

꼬마빌딩의 얼굴,
외벽 시공

철근 콘크리트 공사까지는 그냥 콘크리트 덩어리지만 외벽 시공을 하고 나면 비로소 꼬마빌딩의 모습을 갖추게 된다. "같은 값이면 다홍치마"라고 하듯이 아무리 철근 콘크리트 공사가 잘 되어도 외벽 시공이 엉망이면 신축한 꼬마빌딩은 점수가 반으로 깎일 만큼 외벽 시공은 중요하다. 외벽 시공을 통해 새로운 얼굴로 다시 태어날 수 있기 때문에 외벽자재의 종류와 색상을 선택할 때는 신경을 써야 한다. 하지만 대리석, 벽돌, 드라이비트 등 여러 외장자재 중에서 어떤 것을 선택할지, 또는 혼합해 사용할지, 색상은 어떻게 해야 할지를 생각하면 건축주는 머리가 아파온다.

외벽자재를 선택할 때는 최종적으로 건축주가 결정하겠지만 가급적이면 시공사 측이나 인근 공인중개사의 의견을 들어보는 것이 도움이 된다. 주변에 신축한 꼬마빌딩의 외관을 참고해 마음에 드는 것이 있으면 사진을 찍어 시공사와 협의하는 것도 좋다. 외벽자재는 가격에도 큰 차이가 있어서 무조건 비싼 고급자재를 선택하기보다는 일반적인 수준의 외장자재를 선택하는 것이 합리적이다.

가끔씩 특정 수입대리석으로 해달라고 요청하는 건축주가 있는데 건축주 스스로는 만족스러울지 모르겠지만, 건축비용만 증가할 뿐 향후 매매 시 매매가격을 더 높게 받을 수도 없고 임대료(월세)를 더 받을 수도 없다. 외벽에 고급 수입대리석을 사용했다고 해서 알아보는 사람은 많지 않다. 설사 조금 고급스러워 보인다고 해도 월세를 더 주고 들어올 임차인은 없다. 그렇기 때문에 일반적인 수준에 부합하면서 건축하는 꼬마빌딩과 어울리는 색상으로 조화가 잘 되는 자재를 선택하는 것이 좋다. 나건축 씨는 외장자재로 고급스러워 보이는 대리석을 선택했다. 1층 근생 부분은 짙은 색상의 대리석을, 2층 이상은 밝은 색상의 대리석을 사용하기로 했다.

대리석 시공

외벽 석재는 대리석, 화강석, 문경석, 현무암 등 종류가 다양한데 각각 장단점이 있다. 나건축 씨는 가격 대비 고급스럽고 내구성이 좋은 대리석을 선택했다. 외벽의 대리석 시공은 **건식 시공**과

> **건식 시공**(乾式施工, dry construction method)은 시공 시 시멘트 **몰탈**을 사용하지 않고 외벽에 앵커를 설치한 후 석재에 핀구멍을 뚫어 석재를 부착시키는 시공방법이다.
>
> **몰탈**은 모르타르 또는 레미탈이라고도 하며 시멘트와 모래가 섞여 있는 것으로, 물만 부어서 접착용으로 사용할 수 있다.

앵커

| 외벽 대리석 건식 시공

접착식인 습식 시공방법이 있다. 참고로 건식 시공은 고급스러우면서도 석재 색상 선택이 비교적 자유롭고 공장 생산 제품이라서 품질이 균일한 편이지만, 시공이 어렵고 시간이 오래 걸리며 시공 시 먼지가 많이 발생하는 단점이 있다.

요즘은 외벽 시공은 건식 시공, 내장공사는 습식 시공을 주로 선택한다. 대리석 시공 시에는 수평이 잘 맞는지, 대리석과 대리석 사이의 틈을 메우는 줄눈(메지)은 잘 되어 있는지 확인해야 한다. 특히 미리 에어컨 배관 작업을 해야 하는데, 그렇지 않으면 에어컨 배관이 밖으로 보여 건물 미관상 좋지 않고 에어컨 설치 시 대리석에 에어컨 배관 구멍을 내야 하기 때문이다.

또 가끔씩 대리석이 깨지는 경우가 종종 발생하는데 대리석이 파손되면 그 자체가 손실이다. 그래서 시공 시 깨지거나 금이 간 부분을 임의로 본드로 다시 붙여서 재시공하는 경우가 있는데 자세히 보지 않으면 눈에 잘 띄지 않기 때문에 꼼꼼하게 살펴볼 필요가 있다.

그리고 건식 시공의 경우 외벽에 대리석을 고정하기 위한 앵커를 설치할 때 외벽에 사용된 단열재도 같이 파내야 하는데 이 파낸 부분으로 인해 단열의 효과가 떨어질 수 있다. 따라서 파낸 단열재를 채우거나 다시 붙여서 틈이 생기지 않도록 시공하는 것이 좋다.

벽돌 시공

건축물의 내외부에 벽돌이나 돌을 쌓는 공정을 조적공사(시멘트+물+벽돌)라고 한다. 최근에는 대리석을 많이 사용하는 추세지만 벽돌은 가격 대비 성능이 좋고 가격과 색상이 다양해 쉽게 구할 수 있으며 지붕과 바닥 등 다른 자재들과 잘 어울린다. 또 오염에 강해서 표면상 하자가 발생해도 표시가 덜 나고 유행을 크게 타지 않으면서 나름의 멋이 있어서 외벽 마감재로 오랫동안 사용되고 있다. 하지만 벽돌공사가 잘못되면 방수, 방습, 단열에 문제가 생길 수 있고 **백화현상**이 나타나거나 금이 가는 크랙이 발생할 수 있어서 철저한 시공이 필요하다.

백화현상(白化現象)은 바다 속 고체 상태의 탄산칼슘이 입사광의 산란으로 인해 우유를 뿌려놓은 것처럼 흰색으로 보이는 현상으로, 건물 벽체에 염분과 습기가 만나 수분이 증발하면서 벽돌 표면에 하얀 염분가루가 남는 현상이다. 심하지 않으면 물청소로 제거될 수 있지만 근본 원인을 제거하지 않으면 벽돌에 침투해 변화를 일으키고 표면을 박리(剝離)시키기도 한다. 백화현상의 원인은 벽돌 자체의 결함이거나 벽돌공사의 미숙 등이다.

시공상의 문제를 예방하려면 비 오는 날에는 벽돌 쌓기를 피해야 한다. 몰탈 반죽 시 깨끗한 물을 혼합하고 바닷모래를 사용하면 안 되며, 건물 내부와 외부의 통기성을 확보해야 한다. 또한 벽돌공사 시 실을 띄워 수평이 맞게 해야 한다. 수평이 맞지 않으면 보기도 좋지 않고 안정성과 수명에 영향을 줄 수 있다.

또 벽돌 색상에 따라서 줄눈의 색상이 달라지는 것이 좋고 벽돌 색상이 창호의 색상 및 디자인과도 조화가 되도록 하는 것이 좋다. 외장자재 비용을 줄이기 위해 **파벽돌**을 사용하는 경우에는 꼭 발수코팅(방수막)을 해야 하자를 줄일 수 있다.

> **파벽(破壁)돌**은 원래는 낡은 집을 허물어 생긴 벽돌로 깨지거나 부서져 못 쓰게 된 벽돌이다. 최근에는 자연석분과 모래, 시멘트, 경량골재, 무기질 안료 등을 혼합해 다양한 형태와 색상으로 나오면서 인조석의 한 종류로 인정받고 있다.

드라이비트 시공

드라이비트는 건물 외벽에 스티로폼을 붙이고 그 위에 시공하는 것이다. 외벽 마감재 중에서도 가격이 저렴하고 시공이 용이해 건축기간을 단축시킬 수 있기 때문에 건축비용을 낮게 책정한 건축주나 건축 후 분양하는 것이 목적인 건물 시공에 많이 사용하고 있다. 하지만 드라이비트는 건물 이미지가 고급스럽지 않고 내구성이 약해 수명이 짧다. 게다가 스티로폼 이음매가 갈라지면서 그 속으로 습기가 생겨 단열 성능이 떨어지거나 오염될 수 있으며 화재 등의 문제가 발생할 수 있다는 단점이 있다.

또 드라이비트 자재 자체가 가벼워 바람의 영향을 많이 받기 때문에 고층 건물의 외벽 시공에는 적합하지 않다. 드라이비트 시공 시 가장 중요한 것은 외벽 단열재를 벽면 표면에 완전히 밀착시켜 견고하게 붙이고 평평해야 하며 틈새가 없어야 한다는 것이다. 만약 공간이 생겼을 경우 틈을 채워넣어야 하자를 줄일 수 있다. 특히 창틀 주위에 물이 침투해 벽면에 결로 등이 생길 수 있어서 주의가 필요하다.

대리석 창대

대리석 창대(窓臺, window sill)는 인방(引枋, lintel)이라고도 하고 대리석 빗물받이라고도 한다. 창대를 시공하면 외관이 훨씬 더 고급스러워지고 비가 왔을 때 창문을 타고 스며드는 누수를 상당 부분 예방할 수 있다. 외벽 시공 시 창대 시공은 필수사항이 아니어서 건축비를 아끼고 싶다면 설치하지 않아도 된다. 하지만 창틀에서 누수가 발생하는 경우가 많기 때문에 가급적이면 해주는 것이 좋다. 나건축 씨는 다소 비용이 아깝긴 했지만 고급스러운 외관과 누수 예방을 위해 2겹으로 시공을 했다.

| 창틀 빗물받이

배관, 전기선 등을 설치하는 설비공사

설비공사는 배관(오수, 우수 등), 수도, 전기, 통신, 소방, 가스 등 각종 관(管)이나 선(線)을 시공하는 공사로 기초 철근 콘크리트 공사에서부터 모든 공사가 완료될 때까지 계속 함께 시공된다.

배관은 도면상의 위치를 정확히 확인한 후에 실제 위치를 정확히 잡아야 한다. 그렇지 않으면 배관을 잘라내거나 배관끼리 연결해서 위치를 옮겨야 하는 일이 생길 수도 있다.

설비 배관이나 전기 콘센트가 도면상의 치수를 넘어 철근 배근이나 거푸집 작업 시 걸리적거리면 작업자들이 망치로 치거나 밀어버릴 수도 있다. 만약 그러면 배관에 금이 가거나 파손될 수도 있고 콘센트 위치가 변

| 도면 치수를 넘어선 배관

| 배관 위치를 잘못 잡아 꺾인 배관

| 타설 시 찍혀 파손된 전기관(왼쪽)과 철근에 찍힌 배관(오른쪽)

경되거나 없어지는 경우도 생길 수 있기 때문에 주의가 필요하다.

또 배관이나 전기관이 거푸집이나 철근에 찍혀 파손되기도 하고 타설 시 묻히기도 한다. 심한 경우 찍힌 부분에 콘크리트가 유입되어 굳으면서 관이 막혀버리면 정말 낭패가 아닐 수 없기 때문에 매우 주의해야 한다.

전기선을 각 층마다 올려서 공사를 하려면 기초 철근 콘크리트 공사 시 철근에 전기선을 삽입할 전기관을 미리 설치한다. 또한 각 층에 설치된 전기 콘센트 역시 각 층 기둥이나 벽면 철근 시공 시 미리 위치를 정해서 고정 설치한다.

이렇게 배관과 전기관, 전기 콘센트를 철근에 미리 고정한 후 콘크리트 타설을 하게 된다. 타설 후 양생까지 완료되면 아래 전기관이나 배관이 찍힘이나 막힘없이 제대로 연결되는지를 전기관에 확인선을 집어넣

| 전기관 설치 작업(왼쪽)과 전기 콘센트 설치 작업(오른쪽)

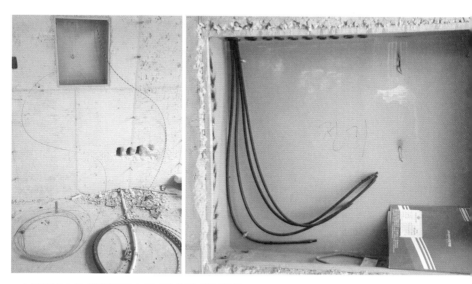

| 전기관 소통 시험(왼쪽)과 전기관에 전기선 삽입(오른쪽)

| 전기선 설치(❶), 욕실 배관 설치(❷), 부엌 배관과 가스관 설치(❸)

어 확인한다. 전기관이 막힘없이 제대로 시공되었다면 본격적으로 전기선을 삽입한다.

전기관이 성공적으로 삽입되어 전기선 공사가 완료되면 전등이나 다른 전기시설에 연결되기 전까지 전기선 끝에 매듭을 만들어준다.

욕실이나 부엌에 사용될 배관, 수도관, 가스관 등도 같이 공사한다. 도면에 수도 배관이나 전기 콘센트의 위치가 없었어도 실생활에서의 편의성을 고려해 추가될 수도 있고 위치가 변경될 수도 있다. 그럴 경우 작업자에 따라서 작업하기 편한 위치를 정하는 경우도 있기 때문에 꼭 확인해야 한다.

문틀과 창틀 시공,
창호공사

방수와 단열에 큰 영향을 주는 공정이 문틀과 창틀의 창호공사다. 내구성을 높이고 열 손실, 결로, 누수 등의 현상을 방지하기 위해 창틀의 철근 보강과 균형 및 고정 작업, 빈틈 보강 작업까지 꼼꼼한 창틀 시공이 필요하다.

　창호는 창문과 문을 총칭하는 말로 외부창호와 내부창호로 구분된다. 건축에서 창호는 방수와 단열 효과뿐만 아니라 건물과 조화를 이루어 건물의 멋을 더 두드러지게 하기 때문에 가격 대비 성능을 잘 파악해서 합리적인 선택을 해야 한다.

　또 창호는 아무리 단열성이 뛰어난 제품을 사용하더라도 단열이 잘 된

외벽보다는 열 손실이 많이 발생하기 때문에 조
망과 채광, 환기를 위한 적재적소에 적합한 방식
으로 잘 배치하는 것도 중요하다. 일반적으로 주
택의 외부 유리는 16mm **복층유리**에 이중창을 많
이 사용한다. 복층유리를 사용하면 단열과 단음
의 효과가 크고 결로 방지에도 효과가 있다.

복층(페어)유리는 싱글
(판)유리 2장을 겹쳐서
중간에 공기층을 넣어
단열과 단음의 효과가
크다. 12~24mm 규
격 이상은 특수유리로
취급되며 주택에서는
보통 16mm를 주로 사
용한다.

　창호 시공이 잘못되면 하자가 자주 발생하는 등 건물 관리에 영향을
주기 때문에, 창틀과 문틀의 균형을 잡고 튼튼하게 고정하면서 외부의
공기 유입을 차단시키는 것이 매우 중요한 포인트다. 철근 콘크리트 공
사 시 철근 배근 작업을 할 때 창틀과 문틀에는 아래 사진과 같이 보조철
근 및 철근 보강 작업을 해주는 것이 좋다.

　대부분 공사현장에서는 이런 보강 작업을 소홀히 하는 경우가 많은데

| 철근 보조철근 시공(왼쪽)과 철근 보강 작업(오른쪽)

이렇게 보조철근 및 보강 작업을 하면 틀에 크랙이 가지 않아서 건물 관리에 도움이 된다. 사소해 보일 수도 있는 이런 작업이 건물의 수명을 늘리고 하자를 줄이는 노하우다.

　문틀과 창틀 작업을 할 때는 외부 공기가 유입되어 열 손실이 발생하지 않도록 빈틈을 메우는 것이 중요하다. 특히 창틀은 외부 공기에 직접 노출되기 때문에 더욱 신경 써야 한다. 빈틈을 메우는 방법은 벽돌과 스티로폼 등의 재료로 빈틈없이 꼼꼼히 채우는 것이다. 사실 이런 공정들은 창호업자들이 별로 신경 써주지 않기 때문에 시공사와 잘 협의해 창호공사 시 현장에 직접 가서 꼼꼼하게 보면서 부탁하는 것이 좋다.

| 창틀 보강 작업(왼쪽)과 문틀 보강 작업(오른쪽)

또한 틀 고정 작업 시 벽돌 등의 기타 자재를 사용해 창문의 하중과 문의 하중을 잘 견딜 수 있도록 튼튼하게 고정 작업을 해주는 것이 좋다. 그렇게 하면 장기간 문을 열고 닫는 충격에도 잘 견디고, 창틀과 문틀이 잘 고정되어 내구성도 좋아지기 때문이다.

창틀과 문틀은 설계상 치수와 철근 콘크리트 작업 후 치수가 달라지고 바닥면 자체가 고르지 못하기 때문에 창틀과 문틀의 수직, 수평의 균형을 정확하게 맞추는 데도 신경을 써야 한다.

이렇게 철근 보강, 틀의 균형과 고정, 빈틈 보강 작업까지 완료되면 주변에 있는 이물질을 제거하고 창틀 주위에 물의 침투로 인한 벽면 결로 등 누수가 생기는 것을 방지하기 위해 미장 후 실리콘으로 마감을 해준다. 그러면 창호시공은 완벽하게 마무리된다. 이런 작은 노하우와 노력이 모여 나건축 씨의 건물은 내구성이 높고 하자가 덜 발생하는 명품 꼬마빌딩이 될 것이다.

단열을 위한 필수 코스,
석고보드 시공

건축 시 외벽에는 스티로폼이나 테크론으로 단열공사를 하지만 외벽과 맞닿아 있는 내벽에는 반드시 단열을 위해 **석고보드**를 시공한다. 철근 콘크리트 공사 시 전기 콘센트의 위치를 확인하지만 혹시 콘센트가 추가되거나 필요 없는 경우에는 석고보드 작업 전에 미리 전기 담당자에게 이야기하고 서로 협의해서 조치를 취해야 한다. 석고보드 작업이 완료된 이후에는 전기 콘센트 등을 추가하는 작업이 매우 어렵기 때문이다. 또 최근에는 벽걸이 TV를 많이 사용하기 때문에 벽

석고보드(gypsum board)는 단열, 방화, 흡음 등의 용도로 사용되는 내장재다. 소석고를 주원료로 톱밥, 섬유, 펄라이트 등을 혼합하고 경우에 따라서 발포제를 첨가한 후 반죽해 2장의 시트 사이에 부어서 판상으로 굳힌 것이다.

전기 콘센트

| 내벽 석고보드 시공

걸이 설치 부분에는 별도의 보강 작업이 필요하다.

　최근에는 내벽뿐만 아니라 주택의 방, 거실 등의 벽면에도 석고보드를 시공한 후 도배를 하는 경우가 많다. 외부와 맞닿은 내벽에는 당연히 석고보드 시공을 해야 하지만 방, 거실 등의 벽면에도 석고보드를 사용해야 하는지에 대한 정답이 있는 것은 아니다. 시공사의 작업 스타일에 따라 달라질 수 있으니 상황에 따라 적절히 선택하면 된다. 나건축 씨는 방과 거실 벽면, 복도 천장까지 석고보드를 시공하고 그 위에 도배를 했다.

　비슷해 보이는 석고보드 시공에도 단열과 내구성을 높이기 위한 작은 노하우가 숨어 있다. 석고보드 시공 시에는 빈틈없이 꼼꼼하게 작업하는 것이 중요하다. 특히 틈이 벌어진 경우에는 빈틈 사이를 반드시 폼 등으

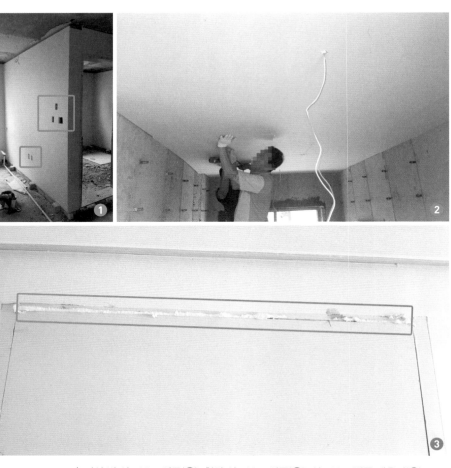

| 거실 벽 석고보드 시공(❶), 천장 석고보드 시공(❷), 석고보드 빈틈 메우기(❸)

로 막아야 외부 공기를 최대한 차단할 수 있다. 별것 아닌 것 같은 이런 작은 일들이 외부와의 온도 차이로 생기는 결로현상을 예방하고 단열 효과를 높여줌으로써 꼬마빌딩의 가치를 한껏 높여준다.

조적공사와
미장공사

창호공사와 석고보드 시공이 끝났으니 벽돌을 쌓는 조적공사와 벽과 바닥을 평평하게 만드는 미장공사를 해야 한다. 나건축 씨의 꼬마빌딩은 이제 건물 내부를 만드는 비교적 가벼운 경(經)공사로 넘어가게 된다.

조적공사

건물 내부와 외부에 벽돌, 석재 등을 쌓아 올리는 공정을 조적(組積)공사(masonry work)라고 한다. 외벽 시공을 대리석이 아닌 벽돌로 시공할

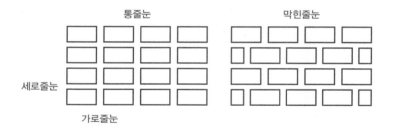

세로줄눈

통줄눈   막힌줄눈

가로줄눈

| 통줄눈과 막힌줄눈

수 있고 건물 내부에 필요한 공간을 만들거나 구조를 변경할 때도 벽돌 시공이 가능하다.

벽돌을 쌓을 때 접합부의 틈새인 줄눈의 너비는 10mm가 표준이다. 벽돌을 쌓고 나면 몰탈이 경화하기 전에 줄눈천을 제거하고 벽돌면 기준 8~10mm 깊이로 몰탈을 파내는 줄눈파기(raking)를 한다. 그리고 불순물을 물로 씻어 없애는 수세(rinsing) 후 시멘트와 모래를 1:3으로 배합한 된비빔 몰탈로 줄눈을 메워 치장 줄눈마감을 한다. 벽돌, 타일, 대리석 등의 빈 공간을 메우는 것을 줄눈(메지)이라 하고 문틀, 창틀 등의 빈 공간을 메우는 것을 사춤이라 한다.

블록은 위의 그림에서처럼 통줄눈이 나와도 되지만 벽돌은 구조상 문제가 발생하기 때문에 통줄눈이 아닌 막힌줄눈이 되어야 한다. 그리고 하루 동안 벽돌을 쌓은 높이는 1.2~1.5m 이하로 규정되어 있다. 그 이상 쌓으면 구조적인 문제가 발생할 수 있기 때문이다.

철근 콘크리트 공사 시 철근공사와 콘크리트 타설을 한 벽면이 아닌 문이나 내부 구조를 만들기 위한 벽은 벽돌로 시공한다.

| 조적공사

미장공사

미장(美裝)공사는 벽이나 천장, 바닥 등을 평평하게 하기 위해서 흔히 시멘트를 바르는 공정을 말한다. 보통 도배를 하거나 타일을 붙이기 위해 미장을 하는데 요즘에는 방, 거실 등에는 석고보드 시공을 한 후에 도배를 많이 하고 있다.

미장 전에는 미장의 들뜸을 방지하기 위해 벽면의 이물질은 제거해주어야 한다. 미장 하루 전날에는 충분한 살수(撒水, 물 뿌림) 작업을 해서 벽면을 깨끗하게 하고 수분을 주는 것이 좋다.

미장은 초벌 작업을 통해 벽의 갈라진 틈을 몰탈 등으로 메우는 사춤

코너비드

| 미장공사

메도몰(mathomor)은 메틸셀룰로스를 주성분으로 한 시멘트용 고급분말로 미장 칼이 부드럽게 잘 나가도록 몰탈(레미탈) 제품군과 섞어 쓰는 혼화제다.

(pointing)을 한 후 몰탈에 시멘트 혼화제인 **메도몰**을 혼합해 사용한다. 또 코너비드를 사용해 코너선을 살려주고 벽면을 평평하게 잡아주어야 한다. 여기서 코너비드(corner bead)는 모서리쇠라고도 하며 미장 마감의 바름벽 구석을 보호하기 위한 막대 모양의 철물을 말한다. 아연도금 철제나 스테인리스 등의 재질로 되어 있고 길이는 1.8~2.8m 정도로 기둥이나 벽의 모서리에 미장 마무리 위치를 확정해 미장공사 시행 전에 고정설치한다.

174

바닥을 평평하게,
바닥 미장공사

벽 미장공사를 마쳤으면 이제 바닥 미장공사를 진행해야 한다. 흔히 방통 (방바닥 통미장)이라고 불리는 바닥 미장공사는 최종 마감공사의 첫걸음 이라 할 수 있다. 기포 콘크리트를 타설한 후에 난방 배관을 하고 방통 타 설 후 방통 미장을 하게 되는데, 이때 마감면의 평활성과 균열 방지가 중 요하다. 특히 바닥 미장공사에서 가장 많이 일어나는 균열 현상에 유의해 야 한다. 바닥 미장(방통)은 콘크리트 바닥(골조) → 기포 콘크리트 타설 → 난방 배관 → 방통 타설 → 방통 미장 → 장판 순으로 진행된다.

| 기포 콘크리트 시공

기포 콘크리트

바닥 미장공사를 하기 전에 난방의 효율성과 난방설비를 보호하기 위해 기포(氣泡, aerated) 콘크리트를 시공해야 한다. 기포 콘크리트는 자갈이 들어가지 않고 **발포제**를 넣어 작은 기포를 많이 생성시킴으로써 단열 또

발포제(發泡劑, blowing agent)는 기포 생성을 촉진하는 물질이다.

는 축열(heat storage; 일정한 온도로 유지되는 것) 성능을 갖게 하는 것이다. 겨울철에 기포 콘크리트 타설 시에는 동결되지 않도록 신경 써야 한다.

176

| 바닥 난방 배관(엑셀) 시공

난방 배관(엑셀)

기포 콘크리트를 80~90mm 정도 시공한 후에 기포 양생이 완료될 때까지 통제하면서 2~3일이 지나면 바닥 난방을 위한 보일러 배관(엑셀) 작업을 해야 한다. 이때 효율적인 난방을 위해 배관의 간격을 잘 조절해야 한다.

배관을 설치할 때는 배관 위치가 흔들리는 것을 방지하기 위해 와이어 매시(철망)나 고정핀으로 배관을 고정해주어야 한다. 나건축 씨는 고정핀을 사용해 난방 배관을 고정시켰다.

| 방통 타설

방통 타설과 바닥 미장(방통)

난방 배관을 설치하고 고정했다면 이제 방통 타설을 하게 된다. 예전에는 시멘트에 모래를 비벼 사용했는데 최근에는 기계로 타설을 하며, 이를 방통 타설이라고 한다. 방통 타설은 몰탈(레미탈) 타설을 하며 40~50mm 정도 타설한 후 발자국을 남기지 않기 위해 합판신발을 신고 방통이라고 불리는 바닥 미장공사를 한다.

미장 마감선을 벽체 사방에 수평을 맞춰서 먹 작업을 하는 경우가 있고, 미장 시 사용하는 쫄대를 중간중간에 심어서 미장의 높이를 확인하는 경우도 있다. 방통에서 중요한 것은 마감면이 평탄하고 매끄러운지의 평활성과 '크랙'이라고 불리는 바닥이 갈라지는 균열 방지다. 다만 균열

| 방통(바닥 미장)공사

방지는 쉬운 일은 아니어서 약품을 첨가하기도 한다. 이렇게 방통 미장이 완료되면 충분한 양생시간을 주고 나서 장판 등으로 마무리하면 된다.

보기 좋고 깔끔하게,
타일공사

타일공사는 벽면, 바닥, 계단 등에 타일이나 대리석을 시공하는 공정이다. 넓은 의미에서 내부 마감인 수장공사에 속하긴 하지만 시공 후 양생과정이 필요하며 시공범위도 넓어서 도배, 장판 등의 일반 수장공사와는 차이가 있다.

타일은 주로 주방 벽, 욕실 벽과 바닥, 계단 벽, 발코니 바닥 등에 주로 사용되는데, 최근에는 색상과 무늬가 다양하게 나오는 데다 공법의 발달로 거실아트월(메인 벽면)과 바닥에도 사용할 만큼 좋은 내외장재 역할을 하고 있다. 대리석은 가격이 비싸지만 타일이 가질 수 없는 고급스러움을 표현하기 때문에 계단, 복도 벽과 바닥, 거실 아트월과 바닥 등에

| 계단 타일 시공(왼쪽)과 주방 타일 시공(오른쪽)

주로 사용된다. 타일과 대리석은 색상, 질감, 다른 내부 마감재와의 조화, 내구성, 가격 등을 감안해 선택하면 된다.

타일공사는 시공 시 하자 발생률이 높기 때문에 양생기간 동안 충격을 주지 않도록 해야 하며 숙련된 기술을 가진 시공자가 공사를 해야 한다. 타일 시공 시 가장 중요한 것은 타일 간의 간격 차이인 단차(段差)가 없게 시공하는 것이다. 단차가 발생하면 일단 보기에 좋지 않고 단차 하나만으로 타일공사를 못하는 시공자로 낙인찍히게 된다.

양생 전에는 충격을 주거나 수분에 노출되는 것을 최대한 피해야 하고 시공 후 4일 이상 경과한 후에 줄눈시공을 하는 것이 좋다. 또 코너에는 수축이나 팽창을 방지하기 위해 코너비드를 사용하는 것이 좋다. 무엇보다 물을 사용하기 때문에 물이 잘 빠져야 하는 발코니나 베란다, 화장실 바닥 타일공사를 할 때는 반드시 물 빠짐을 확인해야 한다. 타일공사를 완료한 후에 물이 제대로 빠지지 않으면 습기나 물때가 쉽게 발생하고 곰팡이가 생기는 원인이 될 수 있기 때문이다.

여기에서 설명한 타일공사와 뒤에 나올 목공사, 도장공사, 수장공사는 모두 넓은 의미에서 인테리어 공사에 해당되는 같은 공정인데 자재의 특성과 시공방법 등에 따라 구분한 것이다.

천장, 몰딩 등
목재를 사용하는 목공사

건축재료 중 목재를 이용해 구조체를 구축하거나 마감하는 건축물의 내외부 목재공사를 목공사라고 한다. 신축 꼬마빌딩 공사에서 천장덴조, 천장 석고보드, 몰딩, 걸레받이 정도의 공정이 목공사에 해당된다.

천장덴조공사

덴조는 천장을 의미하는 일본어로, 반자라고도 하는데 건축에서는 천장에 나무를 대서 평평하게 해주는 작업을 의미한다. 콘크리트 양생 후 표

| 천장덴조(위)와 천장덴조 테크론(아래)

면이 매끄럽지 않은 상태에서 바로 천장에 도배를 하면 도배 표면이 고르지 못한 경우가 생긴다. 또한 층간 소음 문제가 생길 수도 있으며, 전등 등의 천장 작업이 조금 까다로울 수도 있어서 가급적이면 덴조 작업을 해주는 것이 좋다.

천장덴조 작업은 천장 콘크리트에 테크론을 붙이고 나무를 대서 평평하게 해주면 된다. 이렇게 덴조 작업을 해주면 깔끔하기도 하고 작업 효율도 높아지며 장기적으로 관리하기도 편해서 좋다.

스티로폼 사이에 틈이 생겼거나 균열이 발생한 경우 또는 층간 소음 방지와 단열 효과를 더 얻고 싶다면 스티로폼 위에 외벽 단열재로 사용했던 테크론을 한 번 더 붙여주는 것도 좋다.

석고보드 붙이기

천장덴조 작업이 완료되면 석고보드를 붙인다. 석고보드 시공 시에는 천장과 수평이 맞도록 해야 한다. 또 전기나 설비 배관 주위에는 석고보드

| 석고보드를 붙인 천장

를 고정하기 위한 보강목 시공이 필요하다. 다만 석고보드를 시공하기 전에 전등 시공 시 문제가 없도록 전기 팀과 미리 협의해 전등의 위치와 크기를 결정해야 한다. 석고보드를 시공하고 난 후에는 변경하기가 어렵기 때문이다. 이렇게 천장에 석고보드를 붙인 후 도배를 하면 깔끔하면서 단열 효과가 좋고 층간 소음을 줄이는 천장이 완성된다.

몰딩

몰딩(moulding)은 천장판과 내장판의 이음매를 보이지 않게 하기 위해 사용하는 띠 모양의 부자재. 천장과 벽이 만나는 곳에 시공하는 천장

| 몰딩 및 걸레받이

몰딩, 바닥과 벽면이 만나는 지점에 시공하는 바닥몰딩(걸레받이), 기둥과 벽면의 기둥몰딩, 문틀과 벽이 만나는 지점에 하는 문선몰딩 등 여러 종류가 있는데 일반적으로는 천창몰딩을 주로 몰딩이라 부르고 바닥몰딩을 걸레받이라 한다.

천장몰딩은 방 크기에 따라 두께를 조절하고 벽지, 방문, 바닥몰딩 등의 색상과 조화가 되도록 선택해야 한다. 걸레받이라고 하는 바닥몰딩은 바닥과 벽의 마무리를 위해 부착한 수평 부자재다. 걸레받이의 색상도 문틀과 문, 바닥(장판, 마루 등), 천장몰딩과 색상이 조화가 되도록 선택하는 것이 좋다. 몰딩(천장몰딩)과 걸레받이 시공은 보통 벽과 천장 도배, 바닥(장판, 마루 등) 시공 전에 진행된다.

페인트로 깨끗하게,
도장공사

도장공사는 도료(페인트)를 표면에 칠해 도막(film of paint)을 형성시키는 공사를 말한다. 도장공사를 하는 목적은 **내습성, 내후성, 내약품성**을 가지게 해서 **방부, 방청, 방충, 방화** 등의 기능을 갖추거나 멋있어 보이도록 장식하기 위함이다.

도장공사 전에 표면을 살펴서 표면이 매끄럽지 못한 경우에는 페인트 풀칠(페인트＋본드) 보수를 해서 표면을 깨끗이 한 후에 도장공사를 시작해야 한다.

또 도장공사를 할 벽면 등 바탕면은 충분히 건조하고 나서 시공해야

| 초벌 도장공사

| 재벌 도장공사

방부는 물질이 썩거나 변질되는 것을 막는 것이다.

방청은 금속에 녹이 발생하는 것을 방지하는 것이다.

방충은 해로운 벌레가 침범해 해를 끼치지 못하도록 막는 것이다.

방화는 화재를 예방하고 막는 것이다.

하고 습도가 높을 때는 가급적 작업을 피하는 것이 좋다.

일반적으로 도장공사는 2~3회에 걸쳐 덧칠을 한다. 처음 한 번 초벌(first coating)에는 연한 색으로, 재벌(second coating)에는 진한 색 순으로 도장을 한다. 도장을 할 때 솔질은 위에서 아래로, 왼쪽에서 오른쪽으로 하며, 넓은 면을 도장할 때는 롤러 등의 도구를 사용한다.

내부의 치장을 마무리하는
수장공사

수장공사는 건축물 내부의 치장을 마무리하는 마감공사다. 도배, 바닥 장판(마루) 공사 등이 수장공사에 해당되며 넓은 의미에서 타일공사와 목공사도 수장공사에 포함할 수 있다. 우리가 흔히 말하는 인테리어 공사가 수장공사라고 이해하면 되겠다.

바닥 마루 시공

바닥공사에 쓰이는 재질은 장판, 마루(온돌마루, 강화마루, 강마루 등), 테

코타일, 대리석 등 종류가 다양하고 가격도 천차만별이므로 가격과 재질의 특성, 건축주의 선호도를 감안해 선택하면 된다. 실 거주가 아닌 임대용이라면 대리석처럼 지나치게 고급이면서 가격이 높은 제품보다는 가격이 높지 않으면서 내구성도 있는 무난한 제품을 선택하는 것이 좋다. 임차인 입장에서는 바닥이 어떤 자재인지는 관심이 없고 깨끗한지만 따지기 때문이다. 대리석 바닥을 했다고 월세를 더 내고 들어올 임차인은 거의 없을 것이다. 나건축 씨는 바닥을 가격 대비 가장 무난한 마루로 결정했다. 그런데 마루도 온돌마루, 강화마루, 강마루 등 여러 종류가 있어서 고민이다.

온돌마루는 수축과 팽창이 강한 내수합판에 천연무늬목을 입힌 것으로 원목의 리얼함과 고급스러움은 살릴 수 있지만 내구성이 약하고 가격이 다소 높은 편이다.

강화마루는 톱밥을 압축시킨 HDF(High Density Fiberboard) 위에 강화코팅을 한 것으로, 접착식이 아닌 퍼즐처럼 끼워 맞추듯 조립하는 방식이기 때문에 PE폼이나 난방필름 위에 시공이 가능하다. 공사 자체도 쉽고 보수나 철거가 편하며 가격도 저렴하면서 내구성이 좋다는 장점이 있다. 반면 물이 닿으면 팽창 또는 수축할 수 있고 접착식이 아니기 때문에 열전도율이 낮을 수 있으며 바닥과 강화마루 사이의 공간 때문에 층간 소음이 조금 더 발생할 수 있다는 단점도 있다.

강마루는 강화마루와 온돌마루의 단점을 보완하고 장점을 모아 업그레이드한 제품이다. 합판에 원목무늬의 필름을 입혀서 나무 느낌이 나도록 한 것으로 온돌마루에 비해 고급스러움은 덜하지만 내구성이 높고 색상과 디자인이 다양하다는 장점이 있다. 바닥에 접착제를 도포한 후 고

| 마루 시공 전(왼쪽)과 후(오른쪽)

무망치로 두들기며 부착하는 방식이기 때문에 들뜨는 현상이 적으며 열효율이 좋다. 다만 철거비용이 높고 강화마루에 비해서 가격대는 높은 편이다.

나건축 씨는 고민 끝에 가격은 다소 높지만 내구성이 좋고 디자인과 열효율에 장점이 있는 강마루로 바닥을 시공하기로 했다. 바닥 마루 시공 전에 바닥은 충분한 양생이 필요하며 보일러를 가동시켜 바닥의 습기를 완전히 제거해주어야 한다. 바닥에 습기가 남아 있을 경우 마루 소재가 뒤틀리거나 휘는 현상이 발생할 수 있기 때문이다.

또 바닥 마루 시공 시 들뜨지는 않는지 잘 확인해야 한다. 강마루는 강화마루에 비해 들뜸이 덜하기는 하지만 그래도 주의할 필요가 있다. 그리고 가장 중요한 것이 바닥의 수평이다. 바닥의 수평이 맞지 않을 경우 방문이 바닥에 닿아 열고 닫을 때 마루나 장판에 하자가 발생할 수 있다. 수평이 심하게 맞지 않을 때는 바닥 면을 그라인더로 갈아내거나 바닥 수평용 몰탈을 사용해서 바닥의 수평을 맞춘 후 마루 시공을 해야 한다.

도배

도배는 습도 조절이 중요하다. 겨울에는 특히 실내 온도 및 습도를 잘 유지해야 하며, 난방과 환기를 적절히 함으로써 곰팡이가 발생해 벽지에

| 수장공사 후 모습

얼룩이 지지 않도록 주의해야 한다. 또 벽지 도배 시 몰딩, 걸레받이, 콘센트, 스위치 주위의 마감처리에 신경 써야 하며, 도배 후 벽에 뜬 곳이 있는지 확인해야 한다.

또 도배를 하고 나서 하루 정도는 창문이나 출입문을 닫아 벽지가 천천히 건조될 수 있도록 해주는 것이 좋다. 도배를 하고 바로 난방을 하면 빠르게 건조되어 도배지가 급격히 수축되면서 찢어지는 경우가 발생할 수도 있기 때문이다.

수장공사가 마무리되면 건물 내부 공사는 거의 다 마무리되었다고 할 수 있다. 이제 건물 외부의 금속, 정화조, 주차장, 조경공사 등 기타 마무리공사만 하면 완공이 코앞에 있다.

사소한 것도 꼼꼼하게,
기타 마무리공사

수장공사까지 내부 마감공사가 마무리되면 이제 금속공사, 정화조공사, 주차장공사, 조경공사 등 기타 마무리공사를 해야 한다.

금속공사

금속공사는 철근, 창호, 설비 등의 공사를 제외한 나머지 금속류로 작업하는 공사를 말한다. 예를 들어 옥상 난간이나 계단 난간, 현관 출입구, 우편함 등의 공사가 금속공사에 해당한다. 건물 자체에 큰 영향을 주거

| 계단 난간(왼쪽)과 옥상 난간(오른쪽)

나 비중이 높은 공사는 아니지만, 금속공사를 잘하면 보다 고급스럽고 다른 꼬마빌딩과 차별화될 수 있다. 특히 난간 시설은 가격보다 안전성을 먼저 고려해 수평, 수직, 코너 형태, 높이 등을 꼼꼼하게 확인해야 하며, 재질과 배치 간격, 색상까지 고려해 시공해야 한다.

정화조공사

오수(똥물, 생활하수 등)와 우수(빗물, 지하수 등)를 하수라고 하며 집 안에서 오수정화조까지 연결된 관을 오수관, 오수정화조에서 외부로 나가는 관을 하수관, 우수가 흐르는 길을 배수로(땅속은 우수관)라고 한다.

정화조(똥물 정화)와 오수처리시설(똥물 및 생활하수 정화)을 합쳐 개인하수처리시설이라 하는데 「하수도법」에 따라 오수를 배출하는 건물은 개인하수처리시설을 설치해야 한다. 건축 시 개인하수처리시설을 어떻게 설치해야 하는지는 해당 지자체 환경과를 통해 건축하는 땅에 합류식 관거(오수, 우수가 함께 흐르는 관)가 지나가는지 분류식 관거(오수, 우수가 따로 지나가는 관)가 지나가는지 문의해야 한다.

오수와 우수가 따로 지나가는 분류식 관거가 있다면 분류식 관거 오수관은 지자체에서 운영하는 종말처리장으로 연결되어 있기 때문에 정화조 등 개인하수처리시설을 설치할 필요가 없다. 대신 정화 처리를 해주는 대가로 세금이 부과된다.

이런 개인정화처리시설 없이 오수를 종말처리장으로 바로 보내는 분류식 관거는 신도시 등 택지개발지구나 재개발 건설지역에 많이 있다. 오수와 우수가 함께 지나가는 합류식 관거라면 정화조 등 개인하수처리시설을 설치해야 한다. 이때 지역별(수변구역, 특정지역, 기타지역 등), 처리시설별(오수처리시설, 단독정화조, 축산폐수처리시설 등) 방류수질 기준이 다르기 때문에 확인해서 용량을 계산한 후 설치해야 한다. 「하수도법」과 관련된 내용은 4장에서 상세히 설명하도록 하겠다.

신축 전 기존 건물 철거 시에는 기존 정화조를 철거해야 하는데 이때 오수처리시설 및 정화조 폐쇄신고를 해야 한다. 정화조 청소가 반드시 수반되어야 하며 미신고 시 100만 원 이하의 과태료가 부과된다. 사용승인 신청 시 정화조 청소 영수증이 첨부되어야 하며, 정화조 설치 전 바닥에 콘크리트 타설을 반드시 해야 한다. 착공허가 후 정화조를 묻고 정화

| 정화조 매립(왼쪽)과 정화조 연결(오른쪽)

조 형태 보존을 위해 물을 채워놓아야 한다. 그리고 근린생활시설인 경우에는 음식점 임대를 생각해서 정화조 용량이 초과되지 않도록 미리 확인하는 것이 좋다.

주차장공사

주차장공사는 신축의 마무리 단계로 건물 주변과 주차장 부분을 흙과 자갈로 다시 메우고 콘크리트 타설을 하게 된다. 양생 후 주변 및 주차장을 미장으로 잘 마무리할지 우레탄(urethane) 및 에폭시(epoxy) 코팅 등 다른 시공방법을 선택해야 할지 미리 시공사와 협의해야 한다.

주차장을 미장으로 마무리한다면 균열이 가지 않도록 양생과 미장에 특별히 신경 써야 하며, 우레탄 및 에폭시 코팅 시공을 하더라도 들뜨지 않도록 지정공사에 주의해야 한다.

주차장 천장은 가격 대비 시공도 용이한 열경화성 수지인 SMC판을 주로 사용하며, 고급으로 알루미늄판을 사용하는 경우도 있다. 비용 절감을 위해 석면텍스, 목재, 페인트 등을 사용하는 경우도 있는데, 부식이나 변형, 변색이 없는 제품을 사용하는 것이 좋다.

조경공사

조경공사는 건축 시 용도지역 및 건축물이 일정 규모 이상이 되면 법정 면적 이상의 조경시설을 설치해야 한다. 옥상조경시설(조경면적의 2/3만 인정)로도 가능하다. 조경시설은 각 지방자치단체의 조례를 확인해 기준

| 주차장공사 전(왼쪽)과 주차장공사 후(오른쪽)

건축물 면적 기준	조경면적
연면적 합계 2,000m² 이상	대지면적의 15% 이상
연면적 합계 1,000~2,000m²	대지면적의 10% 이상
연면적 합계 200~1,000m² 미만	대지면적의 5% 이상
연면적 합계 200m² 미만	해당 없음
보전녹지지역	대지면적의 30% 이상

에 맞는 조경면적을 확보해야 한다. 나건축 씨는 건축연면적이 200m² 미만이어서 사용승인 요건에 해당되지 않아 조경공사를 하지 않았다. 참고로 서울시 대지 안의 조경면적 기준은 위 표와 같다.

완공 후 마지막 단계,
건축물 사용승인 신청

조경공사까지 완료되고 드디어 나건축 씨의 꼬마빌딩이 완공되었다. 허름한 1층 상가가 이렇게 멋진 4층 꼬마빌딩으로 재탄생한 것이다. 건물이 완공되었다고 바로 사용할 수 있는 것은 아니다. 건축하기 전 건축허가를 득(得)했던 것처럼 완공 후에도 완공 내용을 신고하고 사용해도 된다는 승인을 받아야 한다. 이것이 바로 건축물 사용승인이다.

 건축물 사용승인에 대해 건축법에서는 '건축허가를 받아 건축한 건축물은 모든 공사를 완료한 후 그 건축물을 사용하고자 하는 경우에는 건축법 제11조 및 건축법 제14조에 따라 (임시) 사용 신청서를 작성해 다음의 공사완료 도서를 첨부해 허가권자에게 사용승인 신청해야 한다.'라고

| 완공된 꼬마빌딩

규정하고 있다. 즉 사용승인 신청서와 필요 도서를 첨부해 사용승인 신청을 하면 된다.

건축물 사용승인에 필요한 도서는 다음과 같다.

1. 사용승인 신청서

2. 고용산재 가입증명서

3. 급수공사비 및 기반시설부담금 납부 영수증

4. 소방시설 완공검사 증명서

5. 소화기 설치 사진

6. 도시가스공급 확인서

7. 정보통신공사 사용검사 필증

8. 감리건축사의 사용승인 검사서

9. 감리중간보고서 및 완료보고서

10. 절수설비 납품확인서 및 환경표지 인증서

11. 절수설비(세면대, 대변기, 샤워 부스, 싱크대) 설치 사진

12. 승강기 사용검사 필증

13. 하자보수 보증보험증권

14. 건물번호판 사진

15. 건물현황측량 성과도

16. 건축물 사진(도로 포함 건축□사진)

17. 배수설비 준공검사

18. 사업장폐기물 처리계획서

19. 우편함 설치 사진

20. 전기 사용 전 전검확인증

21. 주차장 라인 설치 사진

22. 차면시설

23. 정화조 준공검사서

24. 조경 사진 및 조경 설치 확인서

25. 내진검사 필증(필요시)

사용승인에 필요한 서류는 건축물의 연면적 또는 용도별 건축물 종류에 따라서 달라지기 때문에 신축한 건축물에 따라서 사용승인 서류는 별도로 확인해야 한다.

사용승인에 필요한 도서가 준비되면 해당 사업지 관할 지방자치단체 건축허가부서에 필요 서류를 첨부해 사용승인 신고를 접수한다. 내진능력 건축물인 경우에는 건축구조기술사가 날인한 내진검사 필증이 필요하다.

신청 접수가 되면 건축허가부서 담당자는 사용승인을 신청한 건축물이 건축법에 따라 허가 또는 신고한 설계도서대로 시공되었는지, 감리완료보고서와 공사완료 도서 등의 서류 및 도서가 적합하게 작성되었는지 등을 확인한 후 사용승인을 하게 된다. 사용승인 처리기간은 신청일로부터 7일 이내 정도면 가능하다.

사용승인 업무를 담당하는 공무원이 현장을 직접 방문해 사용승인 검사를 했으나 검사에 미비한 점들이나 각종 비리가 발견되는 경우가 많다. 건설 현장의 비리를 차단하기 위해 건축물 완공 후 건축주가 해당 자치구에 사용승인 신청을 하면 담당자가 현장조사를 나갈 때 설계자나 감리자가 아닌 제3의 검사원이 수행해야 하고, 건축사 자격증을 가진 사람이 담당 공무원 대신 방문해 현장조사를 하거나 담당 공무원과 합동 현장조사를 하도록 변경되었다. 또한 우선 업무 순번이 사전에 노출되어 지정되는 것을 막기 위해 건축사 업무 배정이 순번제에서 무작위제(랜덤 방식)로 바뀌었다.

참고로 건축물 사용승인 관련 내용을 위반한 건축주 및 공사 시공자는 2년 이하의 징역 또는 1천만 원 이하의 벌금에 처해질 수 있으며, 사용승인 신청을 하지 않았거나 거짓으로 신청하면 500만 원 이하의 벌금이 부과될 수 있다.

현장조사 대행수수료는 연면적 합계에 따른 소요시간과 지방자치단체에 따라 차이가 있지만 연면적 2,000㎡ 이하면 대략 시간당 5만~6만 원, 8시간에 40만~50만 원 정도 된다.

일반적으로 사용승인 신청 후 2~3일 이내에 제3의 건축사가 현장을 방문해 사용승인 검사보고서를 작성하고 허가권자에게 제출하면 사용승인을 받게 된다. 사용승인을 받은 후 건축물대장이 만들어지고 건물 보전등기를 완료하면 모든 절차가 마무리된다. 사용승인 접수가 들어가면 건축주 명의변경이 어려워지는 만큼 건축주 명의변경이 필요하다면 사용승인 접수 전에 진행하는 것이 좋다.

■ 건축법 시행규칙 [별지 제17호서식] <개정 2017. 1. 20>　　　　세움터(www.eais.go.kr)에서도 신청할 수 있습니다

(임시)사용승인 신청서

어두운 칸(▣)은 신고인이 작성하지 아니하며, [ ]에는 해당하는 곳에 √표시를 합니다　　　　(9쪽 중 제1쪽)

접수번호	접수일자 2017-08-14	처리일자 2017-08-25	처리기간 10 일

신청구분	사용승인	[✓] 전체　[ ] 일부	가설건축물 존치기간	년 월 일까지
	임시사용승인	[ ] 전체　[ ] 일부	임시사용 신청기간	년 월 일까지

허가(신고)번호	2017-건축과-신축허가-50	① 공사 착공일	2017년04월10일까지

신청인 (건축주)	성명	(전화번호 :)
	주소	
	구분 개인	

※ 국가기관, 지방자치단체, 정비사업조합, 한국토지주택공사, 지방공사, 정부투자기관, 주택조합, 일반법인,
건설업자, 개인, 기타로 구분하여 적습니다.

등기촉탁 희망여부	[ ] 희망함	[ ] 희망하지 않음

등기촉탁을 희망하는 경우 「건축물대장의 기재 및 관리 등에 관한 규칙」 제26조에서 정하는 바에 따라 특별자치도지사 또는 시장·군수·구청장이 관할 등기소에 등기촉탁을 할 수 있습니다.

대지조건	대지위치	
	지번	용도지역 제2종일반주거지역
	용도지구	용도구역

「건축법」 제22조 및 같은 법 시행규칙 제16조·제17조에 따라 위와 같이 (임시)사용승인신청서를 제출합니다.

2017년 08월 14일

신청인　　　　　　　(서명 또는 인)

송파구청장 귀하

· 임시사용승인 시용승인(일부) 대수선 행위에 대한 사용승인을 신청하는 경우 ㅣ.전체개요는 적지 아니하여도 됩니다.
· 사용승인신청서의 건축주 명의는 건축물대장상의 최초 소유자란에 적게 되어 소유권 등기 시 소유자 확인의 근거가 되므로 건축주를 변경할 사유가 있으면 사용승인 신청 전에 건축주 명의변경 신고를 하시기 바랍니다.

ㅣ. 전체개요

대지면적	건축면적	
139 ㎡		83.08 ㎡

건폐율	연면적 합계	
59.77 %		277.55 ㎡

연면적 합계(용적률 산정용)	용적률	
277.55 ㎡		199.68 %

② 건축물 명칭	주 건축물수	부속 건축물
용남로 259-24 다가구주택 및 근린생활시설 (노령이)	1 동	동, ㎡

③ 주용도	세대/호/가구수	세대 총 주차대수
단독주택(다가구주택 및 근린생활시설)	호 3 가구	3 대

주택을 포함하는 경우 세대/호/가구별 평균전용면적	㎡

④ 하수처리시설	형식	용량
	부패탱크방법	30(인용)

210㎜×297㎜[백상지(80g/㎡) 또는 중질지(80g/㎡)]

ㅣ 사용승인 신청서

나건축 씨가 꼬마빌딩을 짓는 과정을 지켜보면서 각 건축공정별 내용에 대해 알아보았다.
건축주가 모든 내용을 다 알 수는 없지만 기본적인 공정과 중요한 체크 포인트는 알고
있어야 시공사와 대화가 잘 이루어지고 협의를 통해서 보다 나은 건축이 가능하다.
4장에서는 앞에서 살펴본 각 건축공정에서 자세히 다루지 못한 중요한 필수지식을
조금 더 상세하게 설명하려고 한다. 시공사에 돈을 주고 맡기기만 하는 건축주가 아니라
제대로 지식을 갖춘 건축주가 되어보자.

4장

꼬마빌딩 건축
필수지식

기초 개념 :
연면적, 건폐율, 용적률

연면적, 건폐율, 용적률을 모르고 건축을 하는 것은 덧셈과 뺄셈을 모르고 수학 공부를 하는 것과 같다. 건축뿐만 아니라 아파트, 특히 재건축·재개발 투자를 할 때도 필요한 상식이니 반드시 이해하고 넘어가자.

연면적

연면적은 건물의 각 층 바닥면적의 총 합계를 의미하는 것으로, 바닥면적이 100㎡인 건물이 5층으로 건축되었다면 이 건물의 연면적은 500㎡

다. 연면적이 높다는 것은 높은 건폐율과 용적률을 적용받아 보유한 토지에 최대한 넓고 높은 건축물을 지었다고 이해할 수 있다. 연면적의 산정공식은 다음과 같다.

$$연면적 = 1층\ 바닥면적 \times 층\ 수$$

건폐율

건폐율은 대지면적 대비 바닥면적의 비율로, 보유한 땅에서 얼마만큼의 면적으로 건축할 수 있는지를 나타내는 척도다. 당연한 말이지만 건폐율이 높을수록 더 많은 면적을 차지해서 건축할 수 있기 때문에 토지 활용도가 높아진다.

예를 들어 아래 그림에서 보듯이 대지면적이 $400㎡$이고 1층 바닥면적

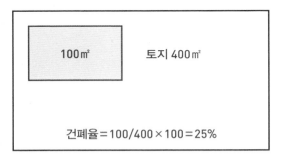

| 건폐율

이 100m²이면 건폐율은 25%가 된다. 건폐율이 50%면 400m²의 땅 중에 절반인 200m² 위에 건축을 할 수 있을 것이다. 혹시라도 외곽의 한적한 도로변에 있는 식당을 보면서 주차장도 넓고 놀고 있는 땅도 많은데 주인은 왜 식당을 더 크게 짓지 않았는지 의아하게 생각했다면, 바로 건폐율 때문에 그렇다. 녹지지역의 건폐율은 20%로 땅이 1,000m²이면 바닥면적이 200m²인 건물밖에 짓지 못하는 것이다. 건폐율의 산정공식은 다음과 같다.

$$건폐율 = \frac{바닥면적}{대지면적} \times 100$$

같은 3,300m²(1천 평) 땅이라도 자연녹지지역은 건폐율이 20%라서 660m²(200평)만 건축할 수 있지만, 제2종 일반주거지역의 건폐율은 60%로 1,980m²(600평)의 땅에 건축이 가능하다. 제2종 일반주거지역이 자연녹지지역보다 땅값이 비싼 것이 이런 이유 때문이다.

건폐율은 토지이용계획에서 확인할 수 있는데 「건축법 시행령」과 서울시 조례가 허용하는 건폐율에는 차이가 있다. 예를 들어 일반상업지구는 건폐율이 80%이지만 서울시 조례는 60% 상한으로 제한하고 있다. 2004년 제정된 「국토계획법」의 건폐율 제한 이전에 건축된 오래된 건물들 중에는 현재 건폐율을 넘는 경우도 많다. 이런 건물을 매입해 신축을 하려면 건폐율 초과로 현재 바닥면적보다 더 작은 건물을 지어야 하기에 이런 경우는 신축보다 리모델링을 하는 것이 오히려 나을 수 있다.

용적률

건폐율이 1차 평면적으로 전체 땅에서 어느 정도의 땅을 사용할 수 있는지를 나타내는 것이라면, 용적률은 2차 입체적으로 사용할 수 있는 땅 위로 얼마나 많이 지을 수 있는지를 알 수 있는 지표다. 용적률은 대지면적에 대한 건축물의 연면적의 비율로 산정공식은 다음과 같다.

$$용적률 = \frac{건축면적}{대지면적} \times 100$$

아래 그림에서 보듯이 대지면적이 400m^2이고 건축물 연면적이 500m^2이면 용적률은 125%가 된다. 즉 400m^2 땅의 125%만큼 총 면적 500m^2의 건물을 지을 수 있다는 것이다.

건축주 입장에서는 땅을 최대한 많이 활용하는 것이 수익이 높아지는

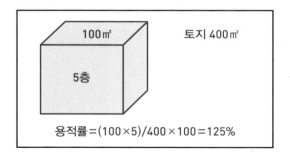

| 용적률

지름길이다. 건폐율과 용적률이 높을수록 토지 활용도가 높아지고 그만큼 토지가치도 높아지게 된다. 그래서 218쪽 용도지역별 건폐율과 용적률을 정리한 표에서 보듯이 제2종 일반주거지역보다 건폐율과 용적률이 높은 준주거지역의 토지가격이 더 높은 것이다.

강남의 대형빌딩들을 보면서 왜 우리 동네에는 이런 대형빌딩이 없을까 생각하는 사람도 있을 수 있다. 물론 강남보다 수요층이 얇으니 수익성이 없어서 그런 대형빌딩을 짓지 않겠지만, 상업지구의 용적률이 900~1,500%인 데 반해 주거지역의 용적률은 100~500%로 차이가 나서 높은 빌딩을 짓고 싶어도 지을 수 없는 이유도 있다.

건폐율과 용적률이 높은 토지는 활용도가 높아 가치도 높다고 했다. 그런데 재건축 아파트의 경우에는 반대로 용적률이 높으면 오히려 좋지 않다. 왜냐하면 이미 높은 용적률로 최대한 땅을 활용해 빽빽한 아파트로 건축했기 때문에 여기서 더 찾을 용적률이 많지 않기 때문이다.

서울 제3종 일반주거지역의 경우 현재 용적률이 80%인 아파트들은 250%까지 건축할 수 있는 땅을 80%만 활용했기 때문에 재건축으로 더 높이 더 많이 건축해 수익성을 올릴 수 있다. 반면 용적률이 300%인 아파트는 다시 지으면 오히려 손해를 봐야 하는 상황이 벌어질 수도 있다. 이것이 서울에서 용적률 200% 또는 250%가 넘는 아파트들은 아무리 오래되어도 재건축 가능성이 낮은 이유다.

이렇게 토지의 용도지역마다 건폐율과 용적률을 제한해놓은 이유는 건물과 건물 간에 적정 간격을 유지함으로써 도시 과밀화를 억제하고, 일광과 통풍 등으로 쾌적한 환경을 조성하며, 건물 보수나 화재 등 비상시 필요한 공간을 확보하기 위해서다.

용도지역별로
토지 이용제한이 다르다

용도지역별 건폐율과 용적률

용도지역은 토지의 효율적인 이용 및 건축물의 용도, 건폐율, 용적률, 높이 등을 제한함으로써 토지를 경제적이고 효율적으로 이용하며 공공복리의 증진을 도모하기 위해 중복되지 않게 도시관리계획으로 결정하는 지역을 말한다. 용도에 따라 도시지역, 관리지역, 농림지역, 자연환경보전지역으로 구분된다.

앞쪽에서 보았듯이 건폐율과 용적률을 감안하면 상업지역이 용적률이 높게 적용되어 토지 활용도가 가장 높지만 그만큼 토지가격도 가장 비싸다. 꼬마빌딩은 주로 4~5층 정도의 근생이나 상가주택, 다가구주택 등으로 건축하기 때문에 굳이 비싸고 수익성이 나오지 않는 상업지역에 건축할 필요가 없다. 그래서 주거지역이나 공업지역에 건축하는 경우가 많다. 주거지역은 준주거지역, 제3종 일반, 제2종 일반, 제1종 일반 순으로 활용도가 높아지며 그에 따라 토지가격도 올라간다.

관리지역에서는 계획관리지역이 도시지역으로의 편입이 예상되거나 환경을 고려해 제한적인 개발 가능성이 있어서 토지 투자성이 높다고 할 수 있다. 하지만 꼬마빌딩을 짓기에는 토지가격이 다소 저렴한 일부 지방이 아니면 부족한 부분이 있다.

이렇듯 용도지역의 구분에 따라 해당 토지에 얼마 정도의 건폐율과 용적률을 적용해서 건축할 수 있는지가 정해진다. 건축주 입장에서는 높은 건폐율과 용적률을 적용받는 것이 유리하기 때문에 용도지역에 따라 사업성이 크게 영향을 받는다.

예를 들어 제1종 일반주거지역은 「건축법 시행령」 기준 건폐율 60% 이하, 용적률 200% 이하가 적용되지만 준주거지역은 건폐율 70% 이하, 용적률 500% 이하가 적용되기 때문에 당연히 토지 활용도가 높고 최대한 더 효율적으로 건축을 할 수 있어서 유리하다.

제2종 일반주거지역은 건폐율 60%, 용적률 250% 이하가 적용되는 반면 제3종 일반주거지역은 건폐율 50%, 용적률 300% 이하가 적용된다. 건폐율은 오히려 제2종 일반주거지역이 높고 용적률은 제3종 일반주거지역이 더 높아서 제3종의 경우 제2종보다 바닥면적은 다소 좁아지는 반면 층수는 더 올릴 수 있는 여지가 크다. 따라서 제3종의 경우 다소 좁으면서 조금 더 높이 올라가는 형상이 될 수도 있다.

용도지역	세부 용도지역	건폐율		용적률	
		시행령	서울시 조례	시행령	서울시 조례
도시 지역	주거 지역 제1종 전용주거지역	50%	50%	100%	100%
	제2종 전용주거지역	50%	40%	150%	120%
	제1종 일반주거지역	60%	60%	200%	150%
	제2종 일반주거지역	60%	60%	250%	200%
	제3종 일반주거지역	50%	50%	300%	250%
	준주거지역	70%	60%	500%	400%
	상업 지역 중심상업지역	90%	60%	1500%	1000% 4대문 800%
	일반상업지역	80%	60%	1300%	800% 4대문 600%
	근린상업지역	70%	60%	900%	600% 4대문 500%
	유통상업지역	80%	60%	1100%	600% 4대문 500%
	공업 지역 전용공업지역	70%	60%	300%	200%
	일반공업지역	70%	60%	350%	200%
	준공업지역	70%	60%	400%	400%
	녹지 지역 보전녹지지역	20%	20%	80%	50%
	생산녹지지역	20%	20%	100%	50%
	자연녹지지역	20%	20%	100%	50%
관리 지역	보전관리지역	20%		80%	
	생산관리지역	20%		80%	
	계획관리지역	40%		100%	
농림지역		20%		80%	
자연환경보전지역		20%		80%	

| 용도지역별 건폐율과 용적률

건폐율과 용적률은 「건축법 시행령」과 달리 각 지방자치단체별로 다소 다르게 적용하는 부분이 있어서 건축하고자 하는 토지의 관할 지방자치단체의 조례를 반드시 확인할 필요가 있다.

또 같은 값이면 토지 활용도가 높은 용도지역의 토지가 좋지만 그만큼 더 높게 토지가격이 형성되기 때문에 용도지역이 오직 선택의 기준이 될 수는 없다. 결론적으로 토지가격 대비 얼마나 더 활용도가 높고 수익성이 개선되느냐를 두고 타당성을 확인해봐야 한다.

건축물의 용도별로 적용되는 행위제한

용도지역에 따라서 건축물이 허용되거나 제한되는 경우가 있기 때문에 용도지역에 맞는 건축물의 용도도 확인하는 것이 좋다. 예를 들어 숙박시설은 상업지역, 준공업지역, 계획관리지역, 자연녹지지역에는 건축이 가능하지만 주거지역에는 허가가 제한된다. 단독주택으로 분류되는 다가구주택은 유통상업지역과 전용공업지역을 제외한 용도지역에서 건축이 가능한 반면 제1종 근린생활시설은 모든 용도지역에서 건축이 가능하다.

다음 페이지에 건축물 용도별 행위제한 내용을 정리한 표가 있으니 참고하기 바란다.

| 건축물 용도별 행위제한

주요 건축물의 용도	행위제한 허용 여부
단독주택	• 유통상업지역, 전용공업지역에서 금지 • 농림지역, 자연환경보전지역은 농어가주택에 한함
연립 · 다세대주택	• 유통상업지역, 전용공업지역, 일반공업지역, 보전녹지지역, 농림지역, 자연환경보전지역에서 금지
아파트	• 제1종 전용주거지역, 제1종 일반주거지역, 유통상업지역, 전용공업지역, 일반공업지역, 녹지지역, 관리지역, 농림지역, 자연환경보전지역에서 금지
숙박시설	• 모든 상업지역, 준공업지역, 계획관리지역(조례가 정하는 3층 이하, 바닥면적 660㎡ 이하)에서만 허용 • 관광지 · 관광단지가 지정된 자연녹지지역 내에서는 허용됨
위락시설	• 모든 상업지역 내 가능
제1종 근린생활시설	• 모든 용도지역 내 가능
제2종 근린생활시설	• 전용주거지역, 보전녹지지역, 자연환경보전지역 금지 • 안마시술소는 전용주거지역, 일반주거지역, 보전녹지지역, 농림지역, 자연환경보전지역 금지 • 단란주점(150㎡ 미만)은 상업지역에만 가능 • 종교 집회장(300㎡ 미만)은 모든 용도지역 내 가능
초 · 중 · 고등학교	• 전용공업지역 금지
종교 집회장 (300㎡ 이상)	• 전용공업지역(1,000㎡ 미만 가능)과 생산녹지지역에서만 금지
의료시설	• 일반병원은 전용주거지역, 유통상업지역, 자연환경보전지역 금지 • 격리병원은 모든 주거지역, 근린상업지역, 유통상업지역, 자연환경보전지역 금지
공장	• 전용주거지역, 유통상업지역, 보전녹지지역, 농림지역, 자연환경보전지역 금지
분뇨 · 쓰레기 처리시설	• 모든 공업지역과 생산녹지지역, 자연녹지지역, 계획관리지역, 생산관리지역, 농림지역 가능
묘지 관련 시설	• 녹지지역, 관리지역, 농림지역, 자연환경보전지역 내 가능
장례식장	• 전용주거지역, 일반주거지역, 전용공업지역, 자연환경보전지역 금지

건축선에 따라
건축면적이 달라진다

건축선은 도로와 접한 대지에 건축물을 건축할 수 있는 선이다. 통상적으로 소요너비 기준인 4m 이상 도로는 대지와 도로의 경계선으로 건축선을 정하지만 소요너비에 미달되는 도로의 건축선, 지자체장이 정하는 건축선, 도로 모퉁이의 건축선, 이 3가지는 예외적으로 건축선을 다르게 설정한다.

　건축을 하는 건축주 입장에서는 당연히 땅을 최대한으로 활용해 건축을 하고 싶은 것이 인지상정이다. 처음에는 도로가 인접해 있다고 좋아했다가 예상치 못하게 건축선이 후퇴하면서 속상해 하는 경우가 종종 발생하기도 한다.

소요너비에 미달되는 도로의 건축선과 지자체장이 정하는 건축선, 도로 모퉁이 건축선에 대해 상세히 알아보도록 하겠다.

소요너비에 미달되는 도로의 건축선

오른쪽 그림에 나타낸 것처럼 도로 양쪽에 대지가 존재하는 경우에는 도로가 소요너비 기준인 4m 이상이면 대지와 도로의 경계선이 건축선이 된다. 소요너비 기준인 4m에 못 미치는 도로인 경우에는 그 중심선으로부터 그 소요너비(4m)의 1/2의 수평거리인 2m만큼 물러난 선을 건축선으로 한다.

또 도로의 반대편 경사지, 하천, 철도, 선로부지, 그 밖에 이와 유사한 것이 있는 경우에는 그 경사지가 있는 편의 도로경계선에서 소요너비 기준인 4m에 해당하는 수평거리의 선을 건축선으로 한다.

이렇듯 건축선 후퇴부문은 대지면적에서 제외시켜 건폐율과 용적률을 산정하게 된다. 즉 자신의 소유인데도 건물을 지을 수 없는 땅이 되고 이 땅을 제외한 나머지 땅의 면적에서 건폐율과 용적률을 산정하게 되는 것이다. 대부분은 도로가 4m 이상인 경우가 많아서 크게 걱정할 필요는 없지만 4m 이하인 도로를 끼고 있는 대지라면 건축선 후퇴에 따른 약간의 손실이 발생할 수 있다는 점은 인지해야 할 것이다. 즉 건축선을 제외한 대지면적에서 건폐율과 용적률을 산정해야 한다.

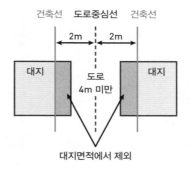

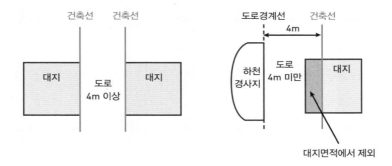

| 소요너비에 미달되는 도로의 건축선

지자체장이 지정하는 건축선

특별자치도지사 또는 시장, 군수, 구청장 등 지자체장이 시가지 안에서 건축물의 위치나 환경을 정비하기 위해 필요하다고 인정하면 대통령령으로 정하는 범위에서 건축선을 따로 지정할 수 있다.

소요너비 미달 도로의 경우 건축선 후퇴부문은 대지면적에서 제외되었지만 이 경우에는 도로경계선과 별도 지정한 건축선 사이의 면적은 대

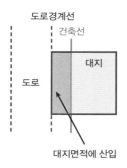

지면적에 산입한다. 즉 건축선이 후퇴되어 자신의 땅이라도 사용할 수 없는 면적이 발생하지만 건폐율, 용적률 산정 시 기준이 되는 대지면적에는 포함되기 때문에 그나마 다행이라 할 수 있겠다.

도로 모퉁이 건축선

건축법에 의해 너비 8m 미만인 도로의 모퉁이에 위치한 대지의 도로 모퉁이 부분 건축선의 경우, 그 대지에 접한 도로경계선의 교차점으로부터 도로경계선에 따라 다음 표에 따른 거리를 각각 후퇴한 두 점을 연결한 선으로 한다.

도로 모퉁이 건축선 후퇴는 소요너비에 못 미치는 도로와 같이 건축선 후퇴로 인한 도로와 건축선 사이의 대지면적은 해당 대지의 대지면적 산

| 도로 모퉁이 건축선의 기준이 되는 도로너비

도로 교차각	당해 도로너비		교차 도로너비
	6~8m	4~6m	
90° 미만	4m	3m	6~8m
	3m	2m	4~6m
90°~120°	3m	2m	6~8m
	2m	2m	4~6m

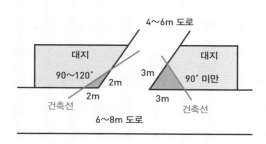

| 도로 모퉁이 건축선

정에서 제외된다. 용적률, 건폐율 계산에서도 건축선이 후퇴된 대지면
적을 제외하고 계산해야 한다.

일정 거리를 띄어 건축하는
대지의 공지

대지의 공지는 인접 대지경계선 및 건축선으로부터 일정 거리를 띄어서 건축해야 하는 규정이다. 사용하지 못하는 땅이 발생하는 만큼 건축 시 경제성을 떨어뜨리는 요인이 되기도 한다. 인접 대지경계선이나 건축선에서 건축물까지 띄어야 하는 거리를 이격(離隔)거리라 하고 이격거리만큼의 땅은 사용하지 못하게 되는데, 이 땅을 대지(垈地)의 공지(空地)라고 한다.

건축주 입장에서 땅은 곧 돈인 데다 자신 소유의 땅에 건축을 하는데 왜 땅을 일정 부분 사용하지 못하게 비워두어야 하는지 억울할 수 있다. 하지만 냄새나 소음, 주차 등 이웃에 주는 불편을 최소화하기 위한 노력

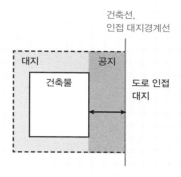

건축선,
인접 대지경계선

대지 공지

건축물

도로 인접
대지

| 대지의 공지

으로 대지 안의 공지에 기준을 두고 있다.

건축물의 규모와 용도에 따라 미치는 영향이 다르다는 점을 고려해 용도지역, 용도지구, 건축물의 용도 및 규모 등에 따라 건축선 및 인접 대지경계선으로부터 6m 이내 범위에서 해당 지방자치단체 건축조례로 정하는 거리 이상을 띄어 공지를 확보해야 한다.

도로변에 길게 접한 좋은 토지가 급매로 나왔다는 연락을 받고 현장조사를 나간 적이 있었다. 보기에는 도로변에 접한 토지이고 모양도 반듯해서 이런 토지가 왜 시세보다 낮은 급매로 나왔을까 의문이 들었다. 보통 건물을 지을 때는 건축선 및 인접 대지경계선에서 6m 이내 일정 거리를 띄어서 공지를 확보해야 한다. 이 토지의 경우 3m 건축선 제한을 받기 때문에 신축할 경우 도로경계선에서 3m의 이격거리를 확보해야 했다. 가로 20m, 세로 10m인 해당 토지의 건축선에서 3m를 후퇴하면 7m가 남는데 주차장도 확보해야 하니 경제성이 떨어지고 이런 사유로 급매

1호. 건축선으로부터 건축물까지 띄어야 하는 거리

대상 건축물	건축조례에서 정하는 건축기준
가. 해당 용도로 쓰는 바닥면적의 합계가 500㎡ 이상인 공장(전용공업지역, 일반공업지역 또는 「산업입지 및 개발에 관한 법률」에 따른 산업단지에 건축하는 공장은 제외한다)으로서 건축조례로 정하는 건축물	• 준공업지역 : 1.5m 이상 6m 이하 • 준공업지역 외의 지역 : 3m 이상 6m 이하
나. 해당 용도로 쓰는 바닥면적의 합계가 500㎡ 이상인 창고(전용공업지역, 일반공업지역 또는 「산업입지 및 개발에 관한 법률」에 따른 산업단지에 건축하는 창고는 제외한다)로서 건축조례로 정하는 건축물	• 준공업지역 : 1.5m 이상 6m 이하 • 준공업지역 외의 지역 : 3m 이상 6m 이하
다. 해당 용도로 쓰는 바닥면적의 합계가 1,000㎡ 이상인 판매시설, 숙박시설(일반숙박시설은 제외한다), 문화 및 집회시설(전시장 및 동·식물원은 제외한다) 및 종교시설	• 3m 이상 6m 이하
라. 다중이 이용하는 건축물로서 건축조례로 정하는 건축물	• 3m 이상 6m 이하
마. 공동주택	• 아파트 : 2m 이상 6m 이하 • 연립주택 : 2m 이상 5m 이하 • 다세대주택 : 1m 이상 4m 이하
바. 그 밖에 건축조례로 정하는 건축물	• 1m 이상 6m 이하(한옥의 경우에는 처마선 2m 이하, 외벽선 1m 이상 2m 이하)

로 나온 것이다.

그렇기 때문에 건축을 위한 토지를 알아볼 때는 쉽게 결정할 것이 아니라 계약 전에 이런 사전지식을 가지고 철저히 조사한 후 타당성을 확보해야 할 것이다. 위의 표는 「건축법 시행령」 별표 2의 대지의 공지 기

2호. 인접 대지경계선으로부터 건축물까지 띄어야 하는 거리

대상 건축물	건축조례에서 정하는 건축기준
가. 전용주거지역에 건축하는 건축물(공동주택은 제외한다)	• 1m 이상 6m 이하(한옥의 경우에는 처마선 2m 이하, 외벽선 1m 이상 2m 이하)
나. 해당 용도로 쓰는 바닥면적의 합계가 500㎡ 이상인 공장(전용공업지역, 일반공업지역 또는 「산업입지 및 개발에 관한 법률」에 따른 산업단지에 건축하는 공장은 제외한다)으로서 건축조례로 정하는 건축물	• 준공업지역 : 1m 이상 6m 이하 • 준공업지역 외의 지역 : 1.5m 이상 6m 이하
다. 상업지역이 아닌 지역에 건축하는 건축물로서 해당 용도로 쓰는 바닥면적의 합계가 1,000㎡ 이상인 판매시설, 숙박시설(일반숙박시설은 제외한다), 문화 및 집회시설(전시장 및 동·식물원은 제외한다) 및 종교시설	• 1.5m 이상 6m 이하
라. 다중이 이용하는 건축물(상업지역에 건축하는 건축물로서 스프링클러나 그 밖에 이와 비슷한 자동식 소화설비를 설치한 건축물은 제외한다)로서 건축조례로 정하는 건축물	• 1.5m 이상 6m 이하
마. 공동주택(상업지역에 건축하는 공동주택으로서 스프링클러나 그 밖에 이와 비슷한 자동식 소화설비를 설치한 공동주택은 제외한다)	• 아파트 : 2m 이상 6m 이하 • 연립주택 : 1.5m 이상 5m 이하 • 다세대주택 : 0.5m 이상 4m 이하
바. 그 밖에 건축조례로 정하는 건축물	• 0.5m 이상 6m 이하(한옥의 경우에는 처마선 2m 이하, 외벽선 1m 이상 2m 이하)

1) 제1호 가목 및 제2호 나목에 해당하는 건축물 중 법 제11조에 따른 허가를 받거나 법 제14조에 따른 신고를 하고 2009년 7월 1일부터 2015년 6월 30일까지 및 2016년 7월 1일부터 2019년 6월 30일까지 법 제21조에 따른 착공신고를 하는 건축물에 대해서는 건축조례로 정하는 건축기준을 1/2로 완화해 적용한다.

2) 제1호에 해당하는 건축물(별표 1 제1호, 제2호 및 제17호부터 제19호까지의 건축물은 제외한다)이 너비가 20m 이상인 도로를 포함해 2개 이상의 도로에 접한 경우로서 너비가 20m 이상인 도로(도로와 접한 공공공지 및 녹지를 포함한다)면에 접한 건축물에 대해서는 건축선으로부터 건축물까지 띄어야 하는 거리를 적용하지 않는다.

3) 제1호에 따른 건축물의 부속용도에 해당하는 건축물에 대해서는 주된 용도에 적용되는 대지의 공지 기준 범위에서 건축조례로 정하는 바에 따라 완화해 적용할 수 있다. 다만 최소 0.5m 이상은 띄어야 한다.

준이다. 이런 대지의 공지 기준은 각 지방마다 여건과 환경 등에 따라 기준이 다른 경우가 있어서 건축사나 각 시·구청 건축과에 문의해 확인해야 한다.

일조권 보호를 위한
일조권 사선제한

주민이 햇볕을 충분히 받을 수 있도록 법률로 보호해주는 일조권의 확보를 위해 건축물의 높이를 제한하는 규정이 일조권 사선제한이다. 이 일조권 사선제한 규정을 충족해야만 건축허가를 받을 수 있다.

길을 가면서 꼬마빌딩을 관심 있게 본 적이 있다면 꼬마빌딩이 상층에서 하층으로 내려가면서 계단식 모양을 하고 있는 것을 종종 보았을 것이다. 건축주 입장에서는 온전한 직사각형 모양으로 최대한 공간을 많이 활용하는 것이 좋은데 왜 이렇게 계단식 모양으로 건축한 것일까? 바로 사선제한이 적용되었기 때문이다.

사선제한은 도시 환경을 보호하기 위해 일조, 채광, 통풍, 미관 등을

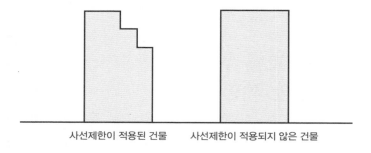

사선제한이 적용된 건물　　　　사선제한이 적용되지 않은 건물

| 사선제한 건물의 외형

결정하는 건축물의 높이를 제한하는 것이다. 도로 사선제한과 일조권 사선제한이 있었는데 2015년 5월에 도로 사선제한은 폐지되었고 현재는 일조권 사선제한만 적용되고 있다.

도로 사선제한

도로 사선제한은 좁은 도로에 고층 건물을 지어 주변에 피해를 주거나 미관을 해지지 않게 하기 위해 도로 폭을 기준으로 건축물의 높이를 제한하는 것이다. 건물의 각 부분 높이는 그 부분으로부터 전면도로나 반대쪽 경계선까지 수평거리의 1.5배를 넘을 수 없도록 되어 있었는데 지금은 도로 사선제한이 폐지되었다.

　도로 사선제한이 폐지되면서 도로 옆이라는 이유로 도로 사선제한에 걸려 용적률은 충족되는데 원하는 높이와 모양으로 건축할 수 없어서 본

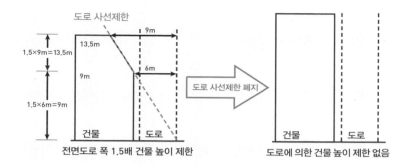

| 도로 사선제한

의 아니게 손해를 봤던 도로변 건물들이나 건축 예정이던 대지는, 향후 증축이나 신축 시 도로 사선제한이 적용되지 않기 때문에 잠재가치가 높아졌다고 할 수 있다.

일조권 사선제한

일조권 사선제한은 주변 건축물의 일조권을 확보하기 위해 건물 높이를 제한하는 것이다. 정북 방향의 인접 대지경계선으로부터 일정 거리 이상을 띄어 건축하도록 규정하고 있는데 일반주거지역과 전용주거지역에만 적용된다.

 다음 쪽 그림에서 보듯이 대지를 인접한 경우에는 건축물 높이 9m 이하는 1.5m 이상, 높이 9m 초과 부분은 해당 건축물 각 부분 높이의 1/2 이상 인접 대지경계선으로부터 이격해야 한다. 또 대지가 아닌 도로, 철

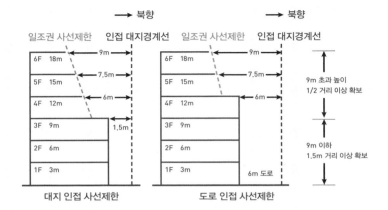

| 일조권 사선제한

도, 하천, 공공녹지 등이 인접한 경우라면 그 반대편의 대지경계선이 기준이 된다.

건축을 위해 대지나 단독주택 등 구축 건물을 보러 다닐 때 해당 물건이 인접한 도로를 바라보는 방향은 북향이 좋다. 집은 남향 집이 좋은데 왜 도로를 바라보는 방향은 북향이 좋다고 할까? 바로 인접 대지 사선제한 때문이다.

다음 페이지에 나오는 그림을 보자. 단독주택인 A와 B가 있다고 하자. A가 인접한 도로를 보는 방향은 남향이고 B는 북향이다. 만약 A를 매입해 건축하고자 한다면 인접한 B의 남향 일조권을 방해하지 않아야 한다. 즉 A는 B와의 인접 대지경계선 기준으로 사선제한이 적용된다. A를 매입한 건축주 입장에서는 자기 땅을 다 활용하지 못하는 손해를 보게 될 수 있다.

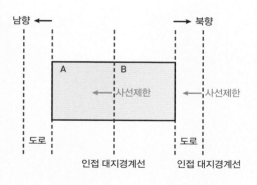

남향 ←   → 북향

A   B

←사선제한   ←사선제한

도로   도로

인접 대지경계선   인접 대지경계선

| 북향 도로 인접 물건 비교

반면 B를 매입해 건축하는 경우에는 도로의 반대편 대지경계선이 인접 대지경계선이 되기 때문에 사선제한의 영향이 A보다는 제한적이다. 그래서 건축주 입장에서는 남향 도로를 끼고 있는 A보다는 북향 도로를 끼고 있는 B가 더 좋은 물건이다.

건축을 목적으로 단독주택 등의 물건을 찾으러 임장 활동을 다닌다면 이런 부분도 꼭 확인해보자. 최소 4m 이상 가급적이면 6m 이상 도로를 끼고 있으면 좋고, 같은 값이라면 도로를 바라보는 물건 방향이 북향인 것이 더 좋다.

그리고 이왕이면 대지의 공지를 감안해 2면 이상이 도로를 인접하면 더욱 좋다. YG엔터테인먼트의 양현석 대표가 한때 합정동 쪽에 물건을 매입할 때의 조건이 2면 이상이 도로를 인접한 물건이었다고 한다. 이렇듯 도로를 인접하고 있는 것이 중요하고 가급적 북향 도로를 끼고 있는 물건이 더 좋다.

| 정북 일조권과 정남 일조권

구분	정북 일조권	정남 일조권
북쪽 건물	일조권 사선제한 없음	사선제한 적용되면서 북향 건물
남쪽 건물	사선제한 있지만 남향 건물	일조권 사선제한 없으면서 남향 건물

최근에 조성된 택지에는 정남 일조권 사선제한이 적용되는 경우가 많다. 원래는 정북 일조권 사선제한을 받는데 혁신도시나 동탄·위례·광교 신도시 등 새롭게 조성되는 택지는 정남 일조권 사선제한을 적용받는다.

예전부터 적용되는 정북 일조권을 신규 조성택지부터는 정남 일조권으로 변경하는 추세다. 정남 일조권이 적용되면 북쪽 건물은 사선제한이 적용되면서 북향 건물이 되는 반면, 남쪽 건물은 일조권 사선제한이 없으면서 남향 건물로 더 좋다. 일조권 사선제한 부분은 계약 전에 반드시 확인하고 넘어갈 필요가 있다.

건축법에서
규정하는 도로

토지 소유자가 자신의 토지에 건축을 하기 위해서는 건축법에서 규정하는 도로에 접하고 있어야 한다. 토지 소유자가 자신의 토지 위에 건축을 하기 위해서는 건축허가를 받아야 하는데 그 대지가 도로에 접하고 있어야 한다. 여기서 도로는 사람의 보행과 자동차 통행이 가능한 4m 이상의 도로를 말하며, 「국토의 계획 및 이용에 관한 법률」과 「도로법」, 「사도법」 및 기타 관계법령에 의해 신설 또는 변경에 관해 고시된 도로로 대지의 2m 이상이 도로에 접하고 있어야 한다. 연면적의 합계가 2,000㎡ 이상인 건축물의 대지는 너비 6m 이상의 도로에 4m 이상 접해야 한다.

차량 통행이 불가능하거나 막다른 도로

지형적 조건으로 자동차 통행이 불가능한 경우와 막다른 도로의 경우에는 대통령령이 정하는 구조 및 너비의 도로가 기준이 된다. 지형적 조건으로 차량 통행을 위한 도로의 설치가 곤란하다고 인정해 시장·군수·구청장이 그 위치를 지정·공고하는 구간 안에서는 너비가 3m 이상(길이가 10m 미만인 막다른 도로인 경우에는 너비가 2m 이상)이 되어야 한다.

| 막다른 도로의 길이와 너비

막다른 도로의 길이	막다른 도로의 너비
10m 미만	2m
10m 이상 35m 미만	3m
35m 이상	6m(도시 지역이 아닌 읍·면 지역은 4m)

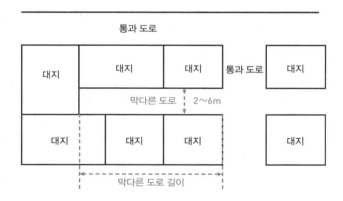

| 건축법에서의 도로 규정

238

막다른 도로의 길이에 따라 도로의 너비 기준은 238쪽 표와 같이 달라진다. 예를 들어 막다른 도로 길이가 15m라면 막다른 도로의 너비는 3m 이상이 되어야 하고 도로 너비가 3m 미만일 경우에는 3m가 될 때까지 후퇴해 건축해야 하므로 건축주는 그만큼 손해를 보게 된다.

위반건축물과
이행강제금

위반건축물

위반건축물은 사용승인을 받은 건축물을 건축법에서 규정한 절차를 이행하지 않고 무단으로 용도변경을 하거나 증축, 개축, 대수선 등의 건축행위를 한 건축물을 뜻한다. 항공 촬영이나 민원 제기, 조사원 등에 의해 위반 내용이 적발되는 경우가 많다.

적발될 경우 시정명령과 벌금이 부과되는데 시정명령을 이행하지 않으면 위반건축물에 등재되고 이행강제금이 부과된다. 물론 바로 이행강제금을 부과하는 것은 아니고 2회 시정명령 이후 부과된다. 향후 매매 시 위반건축물 때문에 계약이 무산되거나 계약 후 분쟁이 생기는 경우가 빈번히 발생하기도 한다. 이런 불이익을 감수하고도 위반건축물로 건축을 하는 이유는 건축주 입장에서 조금이라도 더 이득을 얻고자 하는 유혹을 뿌리치지 못하기 때문이다.

위반건축물로 지을지는 건축주의 마음이지만 어떤 경우에 위반건축물이 되는지, 합법화(양성화)는 어떻게 하고 이행강제금은 어떻게 부과되는지는 꼬마빌딩 건축주라면 꼭 알아야 할 필수지식이다. 위반건축물은 주로 베란다 증축을 위한 판넬/샤시 설치로 일조권 사선을 저촉하는 경우, 허가된 세대보다 더 많은 세대가 거주하는 경우, 근린생활시설을 주거로 용도를 임의로 변경하는 경우, 「주차장법」을 위반한 경우가 많다.

위반건축물이면 매매할 때 매수자들이 꺼리는 경우가 많다. 매매 후에도 시정하지 않으면 계속 이행강제금이 나오기 때문이다. 그래서 잔금 이전에 합법화를 해주는 조건을 걸거나 이행강제금을 지원해주는 등 당근을 제시하며 계약을 진행하는 것도 방법이 될 수 있다.

베란다 증축

베란다는 흔히 발코니와 혼용하지만 엄연히 다른 개념이다. 발코니는 아파트에서 흔히 볼 수 있는 건물 외벽에 설치된 서비스 공간이다. 반면 베란다는 일조권 사선제한으로 인해 건물의 아래층과 위층의 면적 차이에서 생긴 공간으로 아래층 면적이 넓고 위층 면적이 좁을 경우 아래층의 지붕 부분을 활용한 것이다. 이 공간을 활용해 면적을 넓히고 싶은 욕심에 증축공사를 하는 경우가 빈번히 발생하고 있다.

불법 용도변경

불법 용도변경은 제2종 근린생활시설 용도로 준공 후 주택으로 용도변경을 하거나 주택으로 허가는 되었지만 가구 수를 위반한 경우다. 합법적으로 용도변경을 하려면 용도구역, 「주차장법」에 의한 주차 대수, 「하수도법」에 의한 정화조 용량, 하중기준, 「학교보건법」에 의한 학교환경위생정화구역에 맞는 용도인지 등을 검토해야 하는 복잡한 과정이 필요하기 때문에 쉬운 길을 선택하는 경우가 많다.

「주차장법」 위반

주차장을 준공 후 주택으로 불법 용도변경을 하거나 주차장을 정해진 용도 외의 용도로 사용하는 경우가 해당된다.

위반건축물이 된 후 양성화 과정은 복잡하고 비용도 들어가기 때문에 적발되기 전에 시청, 구청과 협의해 합법적으로 용도변경 허가를 받은 후 사용하는 것이 좋다.

건축물대장에 기재되어 있는 용도와 다른 용도로 사용해 시정명령을 받게 되면 건축물의 용도변경을 통해서 위반건축물 등재를 막을 수 있다. 건축물의 용도변경은 특별자치도지사, 시장, 군수, 구청장의 허가 또는 신고대상행위와 임의적인 자유 변경행위로 구분해 용도변경을 하면 되는데 상세한 내용은 관할 관공서에 확인하는 것이 좋다. 허가나 신고의 절차 없이 용도변경이 가능한 사례도 있으니 꼼꼼히 확인하자.

건축물의 용도변경 절차는 다음과 같다.

1. 건축물대장을 통해 현재 건물의 용도와 변경하려는 용도 확인

2. 용도변경 가능 여부 검토 및 용도변경 도서 작성

3. 용도변경 허가 신청 및 신고

4. 공사 착수

5. 사용승인 도서 작성 및 사용승인 신청

6. 해당 행정청의 사용승인 검토 및 현장 확인

7. 사용승인서 발급 및 건축물대장 변경(다만 용도변경 부분 면적이 100m² 이하인 경우 6~8번의 사용승인 절차는 제외)

이행강제금

시정명령을 이행하지 않으면 위반건축물에 등재되고 이행강제금이 부과되며 납부하지 않으면 강제철거(행정대집행)나 공매처분이 내려질 수도 있다. 이행강제금은 2회의 시정명령 후 연 2회까지 부과될 수 있다. 다만 다세대주택의 경우에는 세대전용면적과 위반면적의 합이 85m² 이하면 최대 5회까지만 부과되고 5회 납부를 완료했으면 더 이상 이행강제금은 나오지 않지만, 건축물대장에 등재된 불법건축물이 삭제되지는 않는다. 세대전용면적과 위반면적의 합이 85m²를 초과하는 다세대주택이나 상가주택, 다가구주택은 횟수 제한 없이 매년 부과된다.

매매를 하는 경우 이행강제금 이전 여부도 분쟁이 되곤 하는데 납부하고 남은 이행강제금은 매수인에게 승계되지만 미납된 이행강제금은 이전되지 않는다. 예를 들어 매도인이 이행강제금을 3번 납부하고 2번 남

은 상황에서 매도한 경우 매수인이 남은 2회에 대한 이행강제금을 납부해야 하지만, 매도인이 5회를 미납한 경우에는 미납된 부분에 대한 책임은 매도인에게 있기 때문에 매수인에게 이전되지는 않는다.

이행강제금이 부과되기 전에 원상복구를 했음에도 불구하고 이행강제금을 부과받았다면 무효가 되며 시정명령 없이 부과되면 이의 제기를 할 수도 있다. 이행강제금의 산정방법은 다음과 같다.

$$이행강제금 = 위반면적 \times 시가표준액 \times 적용률$$

이행강제금은 위반면적에 시가표준액과 적용률을 곱해서 계산하는데 무허가, 무신고, 건폐율 및 용적률 초과 시 50%가 적용되고, 그 외의 위반건축물은 시가표준액의 10% 범위 이내에서 대통령이 정한 금액으로 부과된다. 전용면적 85m² 이하 주거용 건물은 해당 지자체 조례에 따라 위의 산출금액의 50% 감면이 가능하다.

다음에 나오는 표는 위반건축물의 이행강제금 산정기준과 과태료 부과기준이다.

| 위반건축물 이행강제금의 산정기준(제115조의2 제2항 관련)

자료 : 「건축법 시행령」 별표 15

건축법 위반건축물	이행강제금의 금액
1. 허가를 받지 않거나 신고를 하지 않고 제3조의2 제8호에 따른 증설 또는 해체로 대수선을 한 건축물 1의2. 허가를 받지 아니하거나 신고를 하지 아니하고 용도변경을 한 건축물	시가표준액의 10/100에 해당하는 금액, 허가를 받지 아니하거나 신고를 하지 아니하고 용도변경을 한 부분의 시가표준액의 10/100에 해당하는 금액
2. 사용승인을 받지 아니하고 사용 중인 건축물	시가표준액의 2/100에 해당하는 금액
3. 유지·관리 상태가 법령 등의 기준에 적합하지 아니한 건축물	시가표준액(법 제42조를 위반한 경우에는 위반한 조경의무면적에 해당하는 바닥면적의 시가표준액)의 3/100에 해당하는 금액
4. 건축선에 적합하지 아니한 건축물	시가표준액의 10/100에 해당하는 금액
5. 구조내력 기준에 적합하지 아니한 건축물	시가표준액의 3/100에 해당하는 금액
6. 피난시설, 건축물의 용도·구조의 제한, 방화구획, 계단, 거실의 반자 높이, 거실의 채광·환기와 바닥의 방습 등이 법령 등의 기준에 적합하지 아니한 건축물	시가표준액의 3/100에 해당하는 금액
7. 내화구조 및 방화벽이 법령 등의 기준에 적합하지 아니한 건축물	시가표준액의 10/100에 해당하는 금액
8. 방화지구 안의 건축물에 관한 법령 등의 기준에 적합하지 아니한 건축물	시가표준액의 10/100에 해당하는 금액
9. 법령 등에 적합하지 아니한 내부 마감재료를 사용한 건축물	시가표준액의 5/100에 해당하는 금액
10. 높이 제한을 위반한 건축물	시가표준액의 10/100에 해당하는 금액
11. 일조 등의 확보를 위한 높이제한을 위반한 건축물	시가표준액의 10/100에 해당하는 금액
12. 건축설비의 설치·구조에 관한 기준과 그 설계 및 공사감리에 관한 법령 등의 기준을 위반한 건축물	시가표준액의 10/100에 해당하는 금액
13. 그 밖에 이 법 또는 이 법에 따른 명령이나 처분을 위반한 건축물	시가표준액의 3/100 이하로서 위반행위의 종류에 따라 건축조례로 정하는 금액(건축조례로 규정하지 아니한 경우에는 3/100으로 한다)

과태료의 부과기준 중 일반기준은 다음과 같다.

가. 위반행위의 횟수에 따른 과태료의 부과기준은 최근 1년간 같은 위반행위로 과태료를 부과받은 경우에 적용한다. 이 경우 위반 횟수는 같은 위반행위에 대해 최초로 과태료 부과처분을 한 날과 다시 같은 위반행위를 적발한 날을 각각 기준으로 해 계산한다.

나. 과태료 부과 시 위반행위가 둘 이상인 경우에는 부과금액이 많은 과태료를 부과한다.

다. 부과권자는 위반행위의 정도, 동기와 그 결과 등을 고려해 제2호에 따른 과태료 금액의 1/2 범위에서 그 금액을 늘릴 수 있다. 다만 과태료를 늘려 부과하는 경우에도 법 제113조 제1항 및 제2항에 따른 과태료 금액의 상한을 넘을 수 없다.

라. 부과권자는 다음의 어느 하나에 해당하는 경우에는 제2호에 따른 과태료 금액의 1/2 범위에서 그 금액을 줄일 수 있다. 다만 과태료를 체납하고 있는 위반행위자의 경우에는 그 금액을 줄일 수 없으며, 감경 사유가 여러 개 있는 경우라도 감경의 범위는 과태료 금액의 1/2을 넘을 수 없다.

1) 위반행위자가 「질서위반행위규제법 시행령」 제2조의2 제1항 각 호의 어느 하나에 해당하는 경우

2) 위반행위가 사소한 부주의나 오류 등으로 인한 것으로 인정되는 경우

3) 위반행위자가 법 위반 상태를 바로 정정하거나 시정해 해소한 경우

4) 그 밖에 위반행위의 정도, 동기와 그 결과 등을 고려해 줄일 필요가 있다고 인정되는 경우

(단위 : 만 원)

위반행위	근거 법조문	과태료 금액		
		1차 위반	2차 위반	3차 이상 위반
가. 법 제19조 제3항에 따른 건축물대장 기재내용의 변경을 신청하지 않은 경우	법 제113조 제1항 제1호	50	100	200
나. 법 제24조 제2항을 위반해 공사현장에 설계도서를 갖추어두지 않은 경우	법 제113조 제1항 제2호	50	100	200
다. 법 제24조 제5항을 위반해 건축허가 표지판을 설치하지 않은 경우	법 제113조 제1항 제3호	50	100	200
라. 법 제24조의2 제2항에 따른 점검을 거부 · 방해 또는 기피한 경우	법 제113조 제1항 제4호	50	100	200
마. 공사감리자가 법 제25조 제4항을 위반해 보고를 하지 않은 경우	법 제113조 제2항 제1호	30	60	100
바. 법 제27조 제2항에 따른 보고를 하지 않은 경우	법 제113조 제2항 제2호	30	60	100
사. 법 제35조 제2항에 따른 보고를 하지 않은 경우	법 제113조 제2항 제3호	30	60	100
아. 법 제36조 제1항에 따른 신고를 하지 않은 경우	법 제113조 제2항 제4호	30	60	100
자. 삭제				
차. 법 제79조 제5항을 위반한 경우	법 제113조 제2항 제7호	30	60	100
카. 법 제83조 제2항에 따른 보고를 하지 않은 경우	법 제113조 제2항 제8호	30	60	100
타. 법 제87조 제1항에 따른 자료의 제출 또는 보고를 하지 않거나 거짓 자료를 제출하거나 거짓 보고를 한 경우	법 제113조 제2항 제9호	30	60	100

주차장의 설치, 정비, 관리를
규정하는 「주차장법」

「주차장법」은 신축이나 용도변경 시 주차장의 공간 확보가 중요하기 때문에 반드시 알아야 할 내용이다. 「주차장법」 때문에 건폐율을 다 활용하지 못하고 신축하는 일이 발생할 수도 있고 사업성이 안 나올 수도 있다. 그래서 신축을 하는 경우에는 건축사무소 또는 가급적 관할 시청, 구청에 주차 대수 산정기준을 확인한 후 건축계획을 세우는 것이 좋다.

주차장은 노상주차장, 노외주차장, 부설주차장, 기계식 주차장, 주차전용 건축물 등 여러 종류가 있는데 이 중 우리가 중요하게 알아야 할 것은 부설주차장이다. 부설주차장은 「주차장법」 제19조에 따라 건축물, 골프연습장, 그 밖에 주차 수요를 유발하는 시설에 부대해 설치된 주차장이다. 건축물이 있는 동일 대지 내에 설치하거나 대지경계선으로부터 직선거리 300m, 보행거리 600m 이내 소유권을 확보한 후 설치한 것(지자체 조례에 의해 거리를 달리 정할 수 있음)이다.

주차장의 구조, 설비기준 등에 관해 필요한 사항은 국토부령으로 정한다. 다만 특별시, 광역시, 특별자치도, 시, 군 또는 자치구는 해당 지역의 주차장 실태 등을 고려해 필요하다고 인정하는 경우에는 주차장의 구조, 설비기준 등에 관해 필요한 사항을 해당 지방자치단체의 조례로 달리 정할 수 있다. 따라서 현재 부설주차장의 설치 대상 시설물 종류 및 설치기준은 각 지방자치단체의 조례로 정하고 있으므로 건축물 용도별 주차 설치 기준은 해당 지자체의 조례를 참고해야 한다.

조례를 확인하는 방법은 각 지자체 홈페이지의 '자치법규/주차장의 설치 및 관리에 관한 조례'로 찾으면 된다. 주차장 1대당 면적은 일반적으로 11.5㎡를 기준으로 하며 시설물에 대한 「주차장법」 면적기준은 다음 페이지에 표로 정리했다. 다만 각 지자체 조례에 따라 차이가 있어서 반드시 시청 및 구청 관할 부서에 확인해야 한다.

주차장 면적 기준이 강화되고 있는 추세이고 건축 시 사업성에도 영향을 주기 때문에 산정기준이 중요하다. 시설면적과 주차장 대수 산정기준에 대해 알아보도록 하자. 먼저 시설면적이 무엇인지부터 알아보겠다. 시설면적이란 공용면적을 포함한 바닥면적의 합계다. 하나의 부지 안에 둘 이상의 시설물이 있는 경우에는 각 시설물의 시설면적을 합한 면적이 시설면적이 되고, 시설물 안에 있는 주차를 위한 시설의 바닥면적은 시설면적에서 제외된다.

시설물의 소유자는 부설주차장의 부지의 소유권을 취득해 이를 주차

| 부설주차장 설치 대상 시설물 설치기준

자료 : 「주차장법 시행령」 별표 1, 서울시 주차장의 설치 및 관리 조례

시설물	설치기준(시설면적 기준)	
	주차장법	서울시 조례
1. 위락시설	• 시설면적 100㎡당 1대	• 67㎡당 1대
2. 문화 및 집회시설(관람장 제외), 종교시설, 판매시설, 운수시설, 의료시설(정신병원, 요양병원, 격리병원 제외), 운동시설(골프장, 골프연습장, 옥외수영장 제외), 업무시설(외국공관 및 오피스텔 제외), 방송통신시설 중 방송국, 장례식장	• 시설면적 150㎡당 1대	• 100㎡당 1대(일반업무시설) • 200㎡당 1대(공공업무시설)
3. 제1종 근린생활시설(「건축법 시행령」 별표 1 제3호 바목, 사목 제외), 제2종 근린생활시설, 숙박시설	• 시설면적 200㎡당 1대	• 시설면적 134㎡당 1대
4. 단독주택(다가구주택 제외)	• 50㎡ 초과 150㎡ 이하 1대 • 150㎡ 초과 1대에 150㎡ 초과하는 100㎡를 1대 더한 대수 • 1+(시설면적-150㎡)/100㎡	• 50㎡ 초과 150㎡ 이하 1대 • 150㎡ 초과 1대에 150㎡ 초과하는 100㎡당 1대 더한 대수 • 1+(시설면적-150㎡)/100㎡
5. 다가구주택, 공동주택(기숙사 제외), 업무시설 중 오피스텔	• 주택건설 기준에 관한 규정 제27조 제1항 • 주차 대수 세대당 1대 미달 시 세대당 1대 • 전용면적 60㎡ 이하 0.7대 1) 전용면적 85㎡ 이하 – 특별시 75㎡당 1대 – 광역시/수도권 시 85㎡당 1대 – 시/수도권 군 95㎡당 1대 – 그 밖의 지역 110㎡당 1대	• 주택건설 기준에 관한 규정 제27조 • 주차 대수 세대당 1대 미달 시 세대당 1대 • 전용면적 30㎡ 이하 0.5대 • 전용면적 60㎡ 이하 0.8대

시설물	설치기준(시설면적 기준)	
	주차장법	서울시 조례
	2) 전용 85㎡ 초과 - 특별시 65㎡당 1대 - 광역시/수도권 시 70㎡당 　1대 - 시/수도권 군 75㎡당 1대 - 그 밖의 지역 85㎡당 1대	
6. 골프장, 골프연습장, 옥외수영장, 관람장	• 골프장 1홀당 10대 • 골프연습장 1타석당 1대 • 옥외수영장 정원 15명당 1대 • 관람장 정원 100명당 1대	• 골프장 1홀당 10대 • 골프연습장 1타석당 1대 • 옥외수영장 정원 15명당 1대 • 관람장 정원 100명당 1대
7. 수련시설, 발전시설	• 시설면적 350㎡당 1대	• 시설면적 233㎡당 1대
8. 창고시설	• 시설면적 400㎡당 1대	• 시설면적 267㎡당 1대
9. 그 밖의 건축물	• 시설면적 300㎡당 1대	• 시설면적 200㎡당 1대 • 기숙사 400㎡당 1대

장 전용으로 제공해야 하며 그 거리는 해당 부지경계선으로부터 부설주차장 경계선까지의 직선거리 300m 이내 또는 도보거리 600m 이내여야 한다(「주차장법 시행령」 제7조 제2항). 다만 주차전용건축물에 부설주차장을 설치하는 경우에는 그 건축물의 소유권을 취득해야 한다.

　주차장 대수를 산정하는 기준은 신축하는 경우와 증축 및 용도변경을 하는 경우로 구분해 설명하도록 하겠다.

건축물 신축

각 지자체별 주차장의 설치 및 관리 조례에 규정한 시설물별 설치기준에 따라 산정한 소수점 이하 첫째 자리까지의 주차 대수를 합해 산정하고, 산정한 주차 대수가 소수점 0.5 이상인 경우는 1로 본다. 예를 들어 인천에서 용도지역이 일반상업지역인 대지 위에 1층은 제1종 근린생활시설, 2~3층은 제2종 근린생활시설, 4~5층은 위락시설, 각 층 바닥면적이 200㎡인 5층 건물을 신축하려고 할 경우 건축허가를 받기 위해 필요한 주차 대수는 다음과 같다.

　인천광역시 주차장의 설치 및 관리 조례에 의하면 제1종과 제2종 근린생활시설은 시설면적 134㎡당 주차 대수 1대가 필요하고, 위락시설은 시설면적 70㎡당 1대가 필요하기 때문에 1종, 2종 주차 대수＝600㎡(1~3층 시설면적)/134㎡(설치기준)＝4.47대→4.4대, 위락시설 주차 대수＝400㎡(4~5층)/70㎡(설치기준)＝5.71대→5.7대다. 10.1대(4.4대＋5.7대)로 소수점 첫째 자리가 0.5 미만인 경우 0으로 계산하므로 결국 건축허가를 받기 위해서는 10대의 주차 대수가 필요하다.

건축물 증축 및 용도변경

우선 증축할 경우를 살펴보자. 먼저 증축한 부분에 대해 산정한 수가 0.5 미만인 경우에는 그 수와, 나중에 증축하는 부분들에 대해 설치기준을 적용해 산정한 수, 이 2가지를 합산한 수의 소수점 이하의 수가 0.5 이상이 될 때까지 합산해야 한다.

용도변경이 되는 부분에 대해 설치기준을 적용해 산정한 주차 대수가 1대 미만인 경우에는 주차 대수를 0으로 본다. 다만 용도변경되는 부분에 대해 설치기준을 적용해 산정한 주차 대수의 합(2회 이상 나누어 용도변경하는 경우를 포함)이 1대 이상인 경우에는 그렇지 않다. 즉 처음에 용도변경 시 산정한 주차 대수가 1대 미만인 0.7이면 주차 대수를 0으로 보지만, 늘어난 0.7을 삭제하지 않고 기록해두었다가 향후 다른 부분에 용도변경을 했을 때 주차 대수가 0.8이 증가하게 되면 0.7과 0.8을 합한 1.5로 주차 대수가 산정되어서 2대가 필요해진다.

예를 들어 상업지역 각 층 바닥면적이 190m^2이고 용도가 제2종 근생인 경우 2층에 탁구장이 영업 중인데 이곳에 당구장을 입점시켜도 같은 제2종 근생이니 주차장은 문제가 되지 않는다. 그런데 단란주점을 입점시키려면 위락시설로 용도변경 허가를 받아야 하는데 위락시설은 100m^2당 1대(제2종 근생은 200m^2당 1대)로 늘어난 주차 대수만큼 주차장 면적을 확보해야 한다. 즉 용도변경 시점의 주차장 설치기준에 따라 변경 후 용도의 주차 대수와 변경 전 용도의 주차 대수를 산정해 그 차이에 해당하는 부설주차장을 추가로 확보해야 한다.

다만 사용승인 후 5년이 지난 연면적 1,000m^2 미만인 건축물의 용도를 변경하는 경우와 해당 건축물 안에서 용도 상호 간의 변경을 하는 경우에는 부설주차장을 추가로 확보하지 않고도 건축물의 용도를 변경할 수 있다.

건축물의 용도를 변경하는 경우에는, 용도변경 시점의 주차장 설치기준에 따라 변경한 후 용도의 주차 대수와 변경 전 용도의 주차 대수를 산정해, 그 차이에 해당하는 부설주차장을 추가로 확보해야 한다. 그런데 다음 각 호에 해당되는 경우에는 부설주차장을 추가로 확보하지 않고도 건축물의 용도를 변경할 수 있다.

1. 사용승인 후 5년이 지난 연면적 1,000㎡ 미만의 건축물의 용도를 변경하는 경우(다만 문화 및 집회시설 중 공연장, 집회장, 관람장, 위락시설 및 주택 중 다세대주택, 다가구주택의 용도로 변경하는 경우는 제외)
2. 해당 건축물 안에서 용도 상호 간 변경하는 경우(다만 부설주차장 설치기준이 높은 용도의 면적이 증가하는 경우는 제외)

주차장 규정은 각 지방자치단체의 조례에 따르며 서울의 경우 각 구별 조례가 있어서 서울시 조례와 해당 구의 조례가 다를 경우 해당 구의 조례가 우선한다. 또 건축면적과 다가구주택, 다세대주택, 상가 등 주택의 종류에 따라서도 요구하는 주차 대수가 다르기에 주차장 설치기준은 각 지방자치단체별·구별 조례를 확인해야 한다. 물론 건축설계사무소에서 알아서 설계해주기 때문에 건축주가 이런 내용을 모두 숙지할 필요는 없지만 그래도 알고는 있는 것이 좋다.

건물에서 발생하는
하수를 처리하는「하수도법」

하수는 「하수도법」에서 분뇨(변기)와 생활하수(욕실, 세면기, 주방) 등 건물 내에서 발생하는 오수, 그리고 빗물과 지하침출수(지하에서 올라오는 물) 등 건물 밖에서 발생하는 우수로 구분된다. 참고로 상수는 「상수도법」에 규정하는 마시는 물처럼 깨끗한 물이고, 중수는 오수를 다시 처리해 생활용수나 공업용수로 다시 사용하는 물, 폐수는 산업·공업·축산 폐수 등이다.

　「하수도법」 제15조 규정에 따라 하수를 공공하수처리시설에 유입해 처리할 수 있는 지역을 하수처리구역이라 하는데 공공하수처리구역과 개인하수처리구역으로 구분된다.

공공하수처리구역은 기반시설인 하수처리시설에 의해 하수가 처리되는 구역으로, 오수를 분류식 하수관거나 합류식 하수관거를 통해 도시 외곽에 있는 하수종말처리장으로 보내서 정화시킨 후 하천이나 바다 등으로 유출시킨다.

분류식 하수관거는 건물 내에서 발생하는 오수를 정화조나 오수처리시설을 거치지 않고 바로 하수관거를 통해 오수만 하수종말처리시설로 보내서 처리한다. 따라서 정화조 용량 문제가 발생하지 않지만 오수가 증가하게 되면 하수도 원인자 부담금을 납부해야 한다. 합류식 하수관거는 건물이나 시설에서 발생하는 오수와 건물 밖에서 발생하는 우수가 하수관거에서 합쳐져서 하수종말처리장으로 보내지기 때문에 개인하수처리시설인 정화조나 오수처리시설을 매설해야 한다.

개인하수처리구역은 도시지역에서 먼저 개인하수처리시설(단독정화조나 오수처리시설)에서 오수를 정화한 후 인근 하천이나 강, 바다로 유출시켜 처리하는 구역으로, 기반시설인 하수처리시설에 의해 오수를 처리하지 않는 구역이다. 개인하수처리시설인 단독정화조와 오수처리시설의 상세 내용은 오른쪽 표에 정리했다.

정화조 용량 산정

정화조 용량은 영업신고증, 영업등록증, 영업허가증이 필요한 업종의 경우, 입점하려는 업종에 의해 정화조 용량이 초과하면 영업증이 발급되지 않아 문제가 발생하면서 분쟁의 소지가 있기 때문에 알고 있는 것이

| 단독정화조와 오수처리시설

구분	내용
단독정화조	• 1일 오수 발생량 2㎥ 이하 건물에 설치 • 건물 지하에 정화조 매설 • 정화조 용량을 인원수로 표기 • 건축물 용도별로 인원 산정식으로 계산 • 건축물대장상 ○○인용 표기(예 : 120인용) • 분뇨만 정화조에서 정화 • 연 1회 이상 청소해야 함
오수처리시설	• 1일 오수 발생량 2㎥ 초과 건물에 설치 • 건물 지하에 오수처리시설 매설 • 정화조 용량을 ㎥로 표기(0.2㎥당 1인으로 산정) • 건축물 용도별 인원 산정식으로 계산 • 건축물대장상 ××㎥ 표기(예 : 20㎥) • 분뇨와 생활하수를 모두 오수처리시설에서 정화 • 연 1회 이상 청소해야 함

좋다. 건축 시 정화조 용량을 크게 하면 되지 않을까 생각할 수 있지만 정화조도 건축비용에 영향을 주는 부분이기 때문에 무조건 용량을 늘리는 것도 바람직하지 않다.

건축물대장에 ○○인용(예를 들어 120인용)으로 표기되어 있으면 단독정화조가 있다는 것으로, 입점하려는 업종을 확인해 정화조 용량이 초과되는지 확인이 필요하다. 정화조 용량이 초과된다고 해서 정화조를 큰 것으로 교체하는 것은 현실적으로 어려운 일이다. 초과되는 용량이 정화조 용량의 200%를 넘지 않으면 청소 주기를 연 2회로 하거나 청소비용 부담 주체를 특약사항에 기재하고 건물주의 정화조 내부 청소에 따른 각서를 관할 관청에 제출하는 방법을 찾을 수 있다.

건축물대장에 ××m²(예를 들어 20m²)로 표기되어 있으면 오수처리시설이 있다는 것으로, 0.2m² = 1인으로 환산해 단독정화조 용량을 산정하는 방법으로 계산하면 된다. 예를 들어 건축물대장에 20m²로 되어 있으면 20/0.2 = 100인용이다. 단독정화조 인원 산정식을 조금 더 상세히 알아보도록 하자.

N(인원수) = 업종별 오염계수×A(연면적 m²)

업종별 오염계수 : 환경부 고시 제2012-144호(건축물의 용도별 오수 발생량 및 정화조 처리대상 인원 산정방법)

예를 들어 바닥면적 120m², 건축물 용도는 제2종 근린생활시설, 건축물대장 정화조 용량 100인용으로 기재된 4층 건물이 있다고 치자. 1층에는 음식점, 2층 미용실, 3층은 PC방, 4층은 단란주점이 입점하려면 정화조 용량 계산은 어떻게 될까?

N(인원수) = 업종별 오염계수(환경부 고시)×A(연면적)

1층 N = 0.175×120m² = 21인

2층 N = 0.075×120m² = 9인

3층 N = 0.125×120m² = 15인

4층 N = 0.230×120m² = 27.6인

총 72.6인으로 정화조 용량이 100인용이니 문제가 없다. 그런데 만약 정화조 용량이 70인용이라면 입점시키는 데 문제가 될 것이다.

하수도 원인자 부담금

건물 내에서 발생하는 분뇨와 생활하수 등 오수를 처리하면 지방자치단체는 하수관거를 매설하는 등 공공하수처리시설을 설치해야 하고, 매일 나오는 오수를 정화시키기 위해 하수처리시설을 유지·보수·관리하는 비용이 발생한다. 그래서 하수 원인을 제공한 원인자에게 공공하수도관리청이 하수도 원인자 부담금(원인자 부담금이라고도 함)이라는 비용을 부과시킨다.

또 건물을 신축 또는 증축할 때 오수가 발생할 것이 예상되므로 건축허가나 증축허가 시 건축물의 용도에 의해 산정된 원인자 부담금을 건축주에게 최초로 납부하게 하고, 건물에 업종이 입점하면서 오수 발생량이 증가하게 되면 역시 건물주에게 원인자 부담금을 부담시킨다.

용도변경을 할 때 오수를 하루에 $10m^2$ 이상 새로 배출하거나 증가시키려는 자에게도 오수처리비용 전부나 일부를 부담시킨다. 즉 하수도 원인자 부담금은 오수 발생량을 증가시킨 원인자에게 부과하는 부담금으로, 지자체별 조례를 확인해 계산할 수 있다. 건축주나 임대인이 완벽하게 계산을 할 필요는 없지만 건축주도 알고는 있는 것이 좋다.

이런 원인자 부담금의 부과시기는 건축물의 신축, 증축, 개축, 재축 및 건축물 용도변경 등에 대한 인허가 시 부과하는 것이 원칙이다. 구체적인 사항은 시행규칙에서 정하며 징수(납부)시기는 건축 준공허가 전으로 하되, 건축물 용도변경 등의 경우에는 인허가 또는 승인 전으로 한다.

오수 발생량이 증가해 원인자 부담금을 납부해야 하는데도 납부하지 않으면 영업주에게 영업허가증, 영업등록증, 영업신고증이 발행되지 않거나 용도변경이 되지 않아서 승계임대보다는 신규임대를 할 때 더 선경써야 한다.

그러면 하수도 원인자 부담금 계산방법을 상세히 알아보도록 하자.

업종별 오수 발생량(t) = 1일 업종별 오수 발생량(ℓ) × 바닥면적(m^2)

원인자 부담금 = 오수 발생량 × 지자체별 톤당 금액

업종별 1일 오수 발생량은 환경부 고시 제2012-144호(건축물의 용도별 오수 발생량 및 정화조 처리대상 인원 산정방법)에 업종별 1일 오수 발생량이 고시되어 있다.

예를 들어 바닥면적 $200m^2$인 3층 건물 2층에 한의원이 있었는데 삼겹살음식점을 입점시키려고 할 때 오수 발생량은 얼마이고 원인자 부담금은 얼마를 납부해야 할까?

한의원 오수 발생량 = $15\ell × 200m^2$ = 3t

삼겹살음식점 오수 발생량 = $70\ell × 200m^2$ = 14t

오수 발생량 증가분 = 14t − 3t = 11t

원인자 부담금 = 11t × 지자체별 톤당 금액

최초의 용도변경이나 증축 등으로 오수 발생량이 10t 미만인 경우에는 원인자 부담금을 부과하지 않으나 새로운 업종 입점이나 용도변경, 증축 등에 의해 오수 발생량이 증가하면 최초에 증가한 부분과 합산해

10t 이상이 되면 초과한 부분만 원인자 부담금을 납부해야 한다.

　증축이나 업종변경으로 오수 발생량이 증가해 원인자 부담금을 납부한 후 오수 발생량이 감소하는 업종으로 변경되어도 이미 납부한 원인자 부담금은 환급해주지 않고 다시 오수 발생량이 증가하는 업종이 입점하게 되면 오수 발생량 증가분에 대한 원인자 부담금을 다시 납부해야 한다.

안전을 위해 반드시
지켜야 하는 「소방법」

소방에 관련된 법은 「소방기본법」, 「화재예방, 소방시설의 설치·유지 및 안전관리에 관한 법률」, 「다중이용업소의 안전관리에 관한 특별법」 이렇게 3개 법률이 있는데, 「소방법」은 건물을 신축하기 위해 건축허가를 받을 때나 인테리어를 할 때 반드시 준수해야 한다. 「소방법」에 규정된 내용을 준수하지 않으면 준공검사필증이나 영업증이 나오지 않기 때문이다. 자세한 사항은 법제처 국가법령정보센터에서 확인할 수 있다.

법에서 지정하는 소방시설은 다음과 같다.

Ⅰ 소방시설(제3조 관련)

자료 :「화재예방, 소방시설의 설치·유지 및 안전관리에 관한 법률 시행령」별표 1

구분	내용
소화설비	물 그 밖의 소화약제를 사용해 소화하는 기계, 기구 또는 설비 1) 소화기구(수도식 또는 자동식 소화기) 2) 옥내소화전설비 3) 스피링클러설비, 간이스프링클러설비 및 화재조기진압용 스프링클러설비 4) 물분무소화설비, 미분무소화설, 포소화설비, 이산화탄소소화설비, 할로겐화합물소화설비, 청정소화약제소화설비, 분말소화설비 및 강화액소화설비 5) 옥외소화전설비
경보설비	화재발생 시설을 통보하는 기계, 기구 또는 설비 1) 비상벨설비 및 자동식사이렌설비(비상경보설비) 2) 단독경보형감지기 3) 비상방송설비 4) 누전경보기 5) 자동화재탐지설비 및 시각경보기 6) 자동화재속보설비 7) 가스누설경보기 8) 통합감시시설
피난설비	화재가 발생할 경우 피난하기 위해 사용하는 기구 또는 설비 1) 미끄럼대, 피난사다리, 구조대, 완강기, 피난교, 피난밧줄, 공기안전매트, 다수인 피난장비, 그 밖의 피난기구 2) 방열복, 공기호흡기 및 인공소생기(인명구조기구) 3) 피난유도선, 유도등 및 유도표지 4) 비상조명등 및 휴대용조명등
소화용수설비	화재를 진압하는 데 필요한 물을 공급하거나 저장하는 설비 1) 상수도소화용수설비 2) 소화수조, 저수조, 그 밖의 소화용수설비
소화활동설비	화재를 진압하거나 인명구조 활동을 위해 사용하는 설비 1) 제연설비 2) 연결송수관설비 3) 연결살수설비 4) 비상콘센트설비 5) 무선통신보조설비 6) 연소방지설비

대통령령으로 정하는 소방시설을 설치해야 하는 소방대상물은 다음과 같다.

| 특정소방대상물(제5조 관련)

자료 : 「화재예방, 소방시설의 설치·유지 및 안전관리에 관한 법률 시행령」 별표 2

구분	내용
근린생활시설	1) 슈퍼마켓, 일용품(식품, 잡화, 의류, 완구, 서적, 건축자재, 의약품, 의료기기 등) 등의 소매점(건축물 해당 용도로 쓰는 바닥면적 합계 1,000㎡ 미만) 2) 휴게음식점, 제과점, 일반음식점, 기원, 노래연습장 및 단란주점 등 (바닥면적 합계 150㎡ 미만) 3) 이용원, 미용원, 목욕장 및 세탁소 4) 의원, 치과의원, 한의원, 침술원, 접골원, 조산원, 안마원(안마시술) 5) 탁구장, 테니스장, 체육도장, 체력단련장, 에어로빅장, 볼링장, 당구장, 실내낚시터, 골프연습장, 물놀이형 시설 등(바닥면적 합계 500㎡ 미만) 6) 공연장(극장, 영화상영관, 연예장, 음악당 등), 종교 집회장(교회, 성당, 사찰, 기도원, 수도원 등) 등(바닥면적 합계 300㎡ 미만) 7) 금융업소, 사무소, 부동산중개사무소, 결혼상담소 등 소개업소, 출판사, 서점 등(바닥면적 합계 500㎡ 미만) 8) 제조업소, 수리점 등(바닥면적 합계 500㎡ 미만) 9) 청소년게임제공업, 인터넷컴퓨터게임시설제공업, 복합유통게임제공업 등(바닥면적 합계 500㎡ 미만) 10) 사진관, 표구점, 학원 등(바닥면적 500㎡ 미만), 독서실, 고시원 등 다중이용업 중 고시원업 시설(바닥면적 합계 1,000㎡ 미만), 장의사, 동물병원, 총포판매사 등 11) 의약품 판매소, 의료기기 판매소, 자동차영업소 등(바닥면적 합계 1,000㎡ 미만) 12) 1~11에 규정한 시설의 용도와 주택으로 사용하는 부분 또는 층이 있는 것

구분	내용
문화 및 집회시설	1) 공연장(근린생활시설에 해당되지 않는 것) 2) 예식장, 공회당, 회의장, 마권 장외 발매소 등(근린생활시설에 해당되지 않는 것) 3) 경마장, 경륜장, 경정장, 자동차 경기장 등 관람장, 체육관, 운동장(바닥면적 합계 1,000㎡ 이상) 4) 박물관, 미술관, 과학관, 문화관, 체험관, 기념관, 산업전시장, 박람회장 등
의료시설	1) 종합병원, 병원, 치과병원, 한방병원, 요양병원 등 병원 2) 전염병원, 마약진료소 등 격리병원 3) 정신보건시설
노유자시설	1) 영유아보육시설, 아동복지시설, 유치원 등 아동관련시설 2) 노인복지시설, 경로당 등 노인관련시설 3) 장애인재활시설, 장애인요양시설, 장애인이용시설, 점자도서관 등 장애인시설 4) 사회복지시설, 근로복지시설
운동시설	1) 탁구장, 체육도장, 테니스장, 체력단련장, 에어로빅장, 볼링장, 당구장, 실내낚시터, 골프연습장, 물놀이형 시설 등(근린생활시설에 해당되지 않는 것) 2) 체육관(관람석이 없거나 관람석 바닥면적 합계 1,000㎡ 미만) 3) 육상장, 구기장, 볼링장, 수영장, 스케이트장, 승마장, 사격장, 골프장 등 운동장(바닥면적 합계 1,000㎡ 미만)
업무시설	1) 국가 또는 지방자치단체의 청사와 외국공관 등 공공업무시설(근린생활시설에 해당되지 않는 것) 2) 금융업소, 사무소, 신문사, 오피스텔 등 일반업무시설(근린생활시설에 해당되지 않는 것)
숙박시설	1) 호텔, 여관, 여인숙, 모텔 등 일반숙박시설 2) 관광호텔, 수상관광호텔, 한국전통호텔, 가족호텔, 휴양콘도미니엄 등 관광숙박시설 3) 고시원(근린생활시설에 해당하지 않는 것) 4) 1~3의 시설과 비슷한 것

구분	내용
위락시설	1) 단란주점(근린생활시설에 해당되지 않는 것) 2) 유흥주점 등 3) 유원시설업 등(근린생활시설에 해당되지 않는 것) 4) 무도장, 무도학원 5) 카지노영업소
공장	물품의 제조, 가공 또는 수리에 이용되는 건축물(근린생활시설, 위험물 저장 및 처리시설, 항공기 및 자동차 관련시설, 분뇨 및 쓰레기 처리시설, 묘지 관련 시설 등으로 분류되지 않는 것)
창고시설	위험물 저장 및 처리 시설 또는 그 부속용도에 해당하는 것 제외 1) 창고 2) 하역장 3) 물류터미널 4) 집배송 시설
항공기 및 자동차 관련 시설	1) 항공기 격납고 2) 주차용 건축물, 차고 및 기계장치에 의한 주차시설 3) 세차장 4) 폐차장 5) 자동차검사장 6) 자동차매매장 7) 자동차정비공장 8) 운전학원, 정비학원 9) 주차장

건물을 안전하게 유지하기 위해서는 건축물 기준에 따라 갖추어야 할 소방시설이 무엇이 있는지 확인할 필요가 있다.

다중이용업소의
안전관리에 관한 특별법

「다중이용업소의 안전관리에 관한 특별법」은 고시원, 노래방, DVD방 등 다중이용시설에 비상구와 간이 스프링클러 등 소방시설을 의무적으로 설치하도록 하는 법으로 「소방법」에 대한 특별법으로 이해하면 된다. 국민의 안전에 대한 요구가 커지고 있어서 지속적으로 개정되면서 강화되고 있다.

불특정 다수가 이용하는 영업 중 화재 등의 재난 발생으로 생명과 재산 상의 피해 발생 우려가 높은 다중이용업소는 스프링클러 설치, 안전시설완비증명서와 방염필증 구비 및 승계 여부에 대한 확인이 필요하다.

다중이용업소의 스프링클러 설치

스프링클러는 지하층에 다중이용업소 입점 시 무조건 설치하고, 산후조리원과 고시원은 피난층(1층)을 제외하고 모두 설치하며, 실내권총사격장·안마시술소·스크린골프장은 신규임대나 승계임대, 내부구조 변경 시에 설치한다(피난층 예외 없음).

안전시설 완비증명서

안전시설 완비증명서는 예전 소방필증이나 소방시설 완비증명서로 불렸으며 시설물이 소방 관련 규정에 맞아야 발급된다. 다중이용업소는 안전시설 완비증명서가 있어야 영업신고증, 등록증, 허가증을 관할 관청에서 발급받을 수 있기 때문에 승계임대나 신규임대 시 확인이 필요하다.

같은 다중이용업소로 업종이 변경되는 승계임대의 경우에는 내부 구조나 시설을 변경했다면 안전시설 완비증명서를 다시 발급받아야 하고, 변경이 없다면 발급받을 필요가 없다. 신규임대라면 내부구조 변경 또는 시설 변경 여부와 무관하게 안전시설 완비증명서를 발급받아야 한다. 영업주(민원인)가 직접 발급받기는 쉽지 않고 소방면허업체에서 대행하는 경우가 많다.

방염필증

방염필증은 시설물의 재료를 채취해 소방서에서 방염실험을 해서 규정치를 만족하면 방염필증이 발급된다. 안전시설 완비증명서와 더불어 방염필증이 있어야 다중이용업소는 영업신고증, 등록증, 허가증을 발급받을 수 있다.

다중이용업에 해당되지 않는 소규모 학원이라면 방염필증만 구비하면 되고, 다중이용업에 해당되는 학원이라면 안전시설 완비증명서와 방염필증을 구비해야 관할 교육청으로부터 학원설립등록증을 발급받을 수 있다.

예를 들어 5층 건물의 3층에 있고 바닥면적이 150m²이며 건축물 용도가 제2종 근린생활시설인 영업 중인 노래방을 승계임대할 경우 양도인이 안전시설 완비증명서를 구비하고 있다면 다른 법 규정을 위반하지 않는 한 승계임대를 하는 데 문제가 없다. 그러나 만약 양도인이 안전시설 완비증명서를 구비하지 않았다면 관할 소방서에서 새롭게 발급받아야 한다. 이때 현재의 「소방법」을 적용받게 되는데 예전보다 규정이 강화된 상황이기 때문에 비용을 들여 소방시설을 갖추어야 안전시설완비증명서를 발급받을 수 있다.

다중이용업소 화재배상책임보험 가입 의무

화재보험은 화재로 인한 자기 건물의 손해를 보상하는 보험이고, 화재배상책임보험은 화재로 인한 타인의 생명, 신체, 재산상의 손해를 보상하는 보험이다. 다중이용업소의 화재보험 가입 여부는 2013년 2월 23일 「다중이용업소의 안전관리에 관한 특별법」 개정이 시행되기 전과 후가 다르다. 2013년 2월 23일 이전에는 2,000m² 이상 건물에 11개 업종의 다중이용업이 입주해 있는 건물의 건물주만 화재보험에 가입해야 하고 업주의 가입 의무는 없었다. 하지만 2013년 2월 23일 이후부터 다중이용업주는 화재배상책임보험에 가입해야 하고 그 증명서를 소방본부장 또는 소방서장에게 제출해야 한다.

소방본부장이나 소방서장은 다중이용업주가 화재배상책임보험에 가입하지 않았을 경우 허가관청에 다중이용업주에 대한 인허가의 취소, 영업의 정지 등 필요한 조치를 취할 것을 요청할 수 있다. 다중이용업소의 종류는 다음과 같다.

| 다중이용업소의 종류   자료 : 「다중이용업소의 안전관리에 관한 특별법 시행령」 제2조

종류	내용
1. 「식품위생법 시행령」 제21조 제8호에 따른 식품접객업	1) 일반음식점, 휴게음식점, 제과점 – 2층 이상 영업장은 사용하는 바닥면적의 합계가 100㎡ 이상 – 지하층 영업장은 바닥면적 합계가 66㎡ 이상 – 영업장이 지상 1층 또는 지상과 직접 접하는 층에 설치되고 주 출입구가 건축물 외부의 지면과 직접 연결된 곳에서 하는 영업은 제외(내부계단으로 연결된 복층구조의 영업장은 다중이용업소에 해당). 예를 들어 1층(바닥면적 140㎡)과 2층(바닥면적 125㎡)에 하나의 커피전문점이 신규로 입점해서 1층과 2층을 내부계단으로 사용하는 1층과 2층 모두 안전시설 완비증명서를 발급받아야 한다. 2) 단란주점과 유흥주점 – 층이나 면적 구분 없이 다중이용업소에 해당
2. 「영화 및 비디오물의 진흥에 관한 법률」 제2조 제10호, 제2조 제16호	영화상영관, DVD방, 비디오물소극장업은 층이나 면적 구분 없이 다중이용업에 해당된다.
3. 「학원의 설립, 운영 및 과외교습에 관한 법률」 제2조 제1호에 따른 학원으로 다음 하나에 해당되는 것	1) 「소방시설 설치유지 및 안전관리에 관한 법률 시행령」 별표 3에 따라 산정된 수용인원이 300인 이상(570㎡ 이상) 2) 수용인원 100명 이상 300명 미만(190~570㎡)으로 하나의 건축물로 학원과 기숙사가 함께 있는 학원이거나 학원이 둘 이상 있거나(300명 이상 학원) 어느 하나 이상의 다중이용업과 학원이 함께 있는 경우(참고로 학원 수용인원은 전체바닥면적/1.9로 산정한다)

종류	내용
4.「공중위생관리법」제2조 제1항 제3호 가목, 나목에 따른 목욕장업	1) 맥반석이나 대리석 등 돌을 가열해 발생하는 열기나 원적외선 등을 이용해 땀을 배출하게 할 수 있는 시설을 갖춘 것으로써 수용인원이 100명 이상(300㎡) 2) 목욕장업 수용인원 산정＝전체 바닥면적/3 3) 일반 목욕장은 다중이용업이 아니고 찜질방이나 불가마 사우나 등은 다중이용업이다.
5.「게임산업진흥에 관한 법률」제2조 제6호, 제6호의 2, 제7호 및 제8호의 게임제공업, 인터넷컴퓨터게임시설제공업 및 복합유통 게임제공업	오락실, PC방, 오락실+PC방 등은 면적 구분 없이 다중이용업소이므로 안전시설 완비증명서를 구비해야 한다. 다만 지상 1층 또는 지상과 직접 접하는 층에 설치되고 그 영업장의 주된 출입구가 건축물 외부의 지면과 직접 연결된 구조에 해당되면 다중이용업의 예외가 된다.
6.「음악산업진흥에 관한 법률」제2조 제13호	노래연습장은 면적이나 층 구분 없이 다중이용업에 해당된다.
7.「모자보건법」제2조 제2조 제12호	산후조리업(조산원, 산후조리원)은 면적이나 층 구분 없이 다중이용업이다.
8. 고시원업	구획된 실 안에 학습자가 공부할 수 있는 시설을 갖추고 숙박 또는 숙식을 제공하는 형태의 영업을 하는 고시원이나 고시텔은 면적이나 층 구분 없이 다중이용업이다.
9.「사격 및 사격장 단속법 시행령」제2조 제1항	권총사격장은 층이나 면적 구분 없이 다중이용업이다. 옥내사격장에 한정하며, 제2조 제2항에 따른 종합사격장에 설치된 경우에도 다중이용업에 해당된다.
10.「체육시설의 설치. 이용에 관한 법률」제10조 제1항 제2호에 따른 골프연습장업	실내의 구획된 실에 스크린과 영사기 등의 시설을 갖추고 골프를 연습할 수 있도록 공중의 이용에 제공하는 영업인 스크린골프장은 층이나 면적 구분 없이 다중이용업에 해당된다.
11.「의료법」제82조 제4항에 따른 안마시술소	안마시술소는 층이나 면적 구분 없이 다중이용업이다.
12.「다중이용업소의 안전관리에 관한 특별법」제15조 제2항에 따른 화재위험 평가 결과 위험유발지수가 제11조 제1항에 해당하거나 화재발생 시 인명피해가 발생할 우려가 높은 불특정다수인이 출입하는 영업으로서 소방방재청장이 관계 중앙행정기관의 장과 협의해 행정안전부령으로 정하는 영업	콜라텍, 수면휴게실, 화상대화방, 전화방은 층이나 면적 구분 없이 다중이용업이다.

건축 시 발생하는 건축허용오차

건축이란 설계한 도면을 기준으로 시공자가 대지에 구현하는 과정이다. 원칙적으로는 도면 치수와 시공된 건축물은 정확하게 부합해야 한다. 하지만 지적과 현황에 차이가 있는 대지도 있고 사람이 하는 일이다 보니 의도치 않게 어느 정도의 차이는 발생할 수밖에 없다. 계획과 시공 사이에서 발생할 수 있는 간극을 탄력적으로 수용하기 위해 건축법에서는 허용오차를 규정하고 있다.

　「건축법 시행규칙」 별표 5에 의한 건축허용오차는 다음 표와 같다.

| 건축허용오차(제20조 관련) | 자료 : 「건축법 시행규칙」 별표 5 |

1. 대지 관련 건축기준의 허용오차

항목	허용되는 오차의 범위
건축선의 후퇴거리	3% 이내
인접 대지경계선과의 거리	3% 이내
인접 건축물과의 거리	3% 이내
건폐율	0.5% 이내(건축면적 5㎡를 초과할 수 없다)
용적률	1% 이내(연면적 30㎡를 초과할 수 없다)

2. 건축물 관련 건축기준의 허용오차

항목	허용되는 오차의 범위
건축물 높이	2% 이내(1m를 초과할 수 없다)
평면 길이	2% 이내(건축물 전체 길이는 1m를 초과할 수 없고, 벽으로 구획된 각 실의 경우에는 10cm를 초과할 수 없다)
출구 너비	2% 이내
반자 높이	2% 이내
벽체 두께	3% 이내
바닥판 두께	3% 이내

위 표에 정리한 것을 참고해 항목에 따른 허용오차를 꼼꼼히 확인하고 위반건축물이 되지 않도록 유의하자.

꼬마빌딩
건축 TIP

용어를 알아두면
꼬마빌딩 건축이 보인다

가설공사

가설공사는 본 공사의 각 시공단계마다 임시로 설치해서 사용하다가 공사가 완료된 후에 해체 또는 철거되는 가설재공사를 말한다(임시시설물 전체를 칭한다).

거푸집(형틀)

기둥, 바닥, 벽 등 콘크리트를 부어 만들 모양의 틀을 거푸집이라 하며 형틀, 폼이라고도 한다. 거푸집을 규격에 맞게 제작한 것을 유로폼이라고 한다.

결속선

결속선은 철근이 교차되는 부분을 결속하기 위해 적당한 간격으로 긴결 (서로 떨어지지 않도록 연결)할 때 쓰는 철선이다.

금속공사

금속공사는 철근, 창호, 설비 등의 공사를 제외한 나머지 금속류로 하는 공사를 말한다. 예를 들어 옥상 난간, 계단 난간, 현관 출입구, 우편함 등의 공사가 해당된다.

지정공사

구조물의 밑바닥을 튼튼하게 하기 위해 하는 공사를 말한다. 즉 구조물을 지탱할 수 있도록 지면을 단단하게 만드는 공사이며, 건물의 안정성에 영향을 주는 매우 중요한 과정이다.

기포 콘크리트

기포 콘크리트는 자갈이 들어가지 않고 발포제를 넣어 시멘트 몰탈 내부에 작은 기포를 무수히 많이 생성시킴으로써 단열 또는 축열 기능을 갖게 하는 것이다. 스티로폼 알갱이를 시멘트 몰탈과 함께 섞어서 만드는 폴기포 콘크리트도 흔히 기포 콘크리트라고 부른다. 기포 콘크리트도 경량 콘크리트의 한 종류로 볼 수 있다. 바닥 미장공사를 하기 전에 난방의 효율성과 난방설비를 보호하기 위해 기포 콘크리트를 시공해야 한다.

난방 배관(엑셀)

수도 배관과 보일러 배관에 가장 많이 쓰이는 건축자재로, 일정한 간격과 고정핀을 사용해 배관의 위치가 흔들리지 않도록 한다.

대리석 창대

대리석 창대는 인방이라고도 하고 대리석 빗물받이라고도 한다. 창대를 시공하면 외관이 훨씬 더 고급스러워지고 비가 왔을 때 창문을 타고 스며드는 누수를 상당 부분 예방할 수 있다.

도장공사

도장공사는 벽면 등의 바탕면에 페인트를 칠해 도막을 형성시키는 공정이다. 표면을 깨끗이 한 상태에서 2~3회에 걸쳐 덧칠한다.

동바리(써포트)

동바리는 거푸집 동바리용 지주로 주로 사용되며, 수평력이 특정한 지주에 집중되지 않게 각 지주에 고른 힘이 분산되도록 설치하는 수평 연결재와 위층의 콘크리트 타설 시 힘을 지지해줄 지지대 역할을 하는 임시 가설물이다.

드라이비트

드라이비트는 건축물 외장재로 사용되는데, 건물 외벽에 스티로폼을 붙이고 그 위에 드라이비트 시공을 한다. 외벽 마감재 중 가격이 저렴하고 시공이 용이해 건축기간을 단축시킬 수 있다. 그래서 건축비용을 낮게 책정한 건축주들이나 건축 후에 분양하는 것이 목적인 건물 시공에 많이 사용하고 있다.

루베

루베(cubic meter)는 콘크리트 양의 단위로 입방미터(㎥), 즉 세제곱미터에 해당하는 현장 용어다.

먹줄치기

기초 콘크리트 타설 후 양생기간에 콘크리트 위에 먹줄치기를 진행하는데, 근생이면 기둥과 보(기둥과 기둥을 연결), 주택이면 벽체를 세우기 위해 먹줄치기(금 긋기) 작업을 진행한다. 먹줄치기 작업은 철근 콘크리트 공사의 한 공정으로, 설계도면상의 치수를 형판이나 자를 이용해 위치를 지정한 후 먹실을 사용해 직선을 표시하는 것으로 금 긋기라고도 한다.

메도몰

메도몰는 메틸셀룰로스를 주성분으로 한 시멘트용 고급분말로 미장 칼이 부드럽게 잘 나가도록 몰탈(레미탈) 제품군과 섞어 쓰는 혼화제다.

목공사

목공사는 목재를 이용해 건물 내외부 마감을 하는 공사를 말한다. 천장덴조공사, 석고보드 붙이기, 몰딩 등이 모두 목공사에 해당된다.

몰딩

몰딩은 천장판과 내장판의 이음매를 보이지 않게 하기 위해 사용하는 띠 모양의 부자재다.

몰탈(레미탈)

몰탈(mortar) 또는 모르타르라고 하는데, 콘크리트 같은 결합재다. 시멘트와 모래만 섞어서 만든 제품을 시멘트 몰탈이라 부르고, 레진과 모래만 섞어서 만들면 레진 몰탈이라고 한다.

물구배

물구배 작업은 옥상에 빗물이 배수구 쪽으로 잘 빠지게 하는 비스듬한 경사각을 만드는 공정이다. 물구배 작업이 제대로 되지 않으면 방수공사를 한 후에도 빗물이 고이는 문제가 발생한다.

미장공사

미장공사는 벽이나 천장, 바닥 등을 평평하게 하기 위해서 콘크리트 등을 미장 칼로 바르면서 마감공사를 하는 것이다.

발포제

발포제는 기포 생성을 촉진하는 물질이다.

방통(바닥 미장)

내부 슬래브 바닥(예 : 방바닥)에 몰탈(레미탈) 타설을 하며 40~50mm 정도 타설한 후에 평평하게 하는 작업으로 방통(방바닥 통미장)이라 불리는 바닥 미장공사를 한다.

배근(철근 배근)

배근은 철근을 설계에 맞게 배열하는 것이다.

버림 콘크리트

지정공사에서 터파기를 하고 나서 잡석다짐을 한 후에는 지적도상에 나와 있는 지적도와 신축하고자 하는 건물의 위치를 확인해서, 작업을 진행할 정확한 위치를 표시한다. 도면에서 설계 위치를 표시한 부분에 대한 사전 작업 및 후속 작업을 위해 먹줄치기가 진행되고, 땅바닥과 구분 짓기 위해 바닥을 평평하게 고르는 10cm 이내의 사전 콘크리트 작업을 하는데, 이것이 버림 콘크리트다.

버림 콘크리트는 상부 구조에서 전달받는 하중을 지반에 전달하므로 관리가 잘못되면 구조체의 침하 등 문제가 생길 수 있으므로 확실하게 관리해야 한다.

복층(페어)유리

복층(페어)유리는 싱글(판)유리 2장을 겹쳐서 중간에 공기층을 넣어 단열과 단음의 효과가 크다. 12~24mm 규격 이상은 특수유리로 취급되며 주택에서는 16mm를 주로 사용한다.

비계(아시바)

'아시바'라고 불리는 비계는 시공과정상 공사를 위해 보전적 또는 임시적으로 설치 및 사용되며 공사 완료 후 해체 또는 철거되는 가설재 중 하나다. 안전망을 설치하거나 높은 곳에서 공사를 할 수 있도록 임시로 설치하는 골격 뼈대와 발판 정도로 이해하면 된다.

석고보드

석고보드는 단열, 방화(화재를 막는 것), 흡음 등의 용도로 사용되는 내장재다.

수장공사

수장공사는 건물 내부의 치장을 마무리하는 인테리어 공사다. 바닥 마루 시공 시에는 들뜸을 주의해야 하고 도배 시에는 천천히 건조시키는 것이 좋다.

스페이서(spacer)

타설 전에 철근과 거푸집과의 간격을 띄우지 않으면 양생 후 철근이 벽 바깥으로 노출되는 일이 발생하는데 그것을 막기 위해 공간(space)을 잡아주는 역할을 한다. 철근이 거푸집에 밀착되는 것을 방지하기 위해 간격을 확보하기 위한 자재다. 현장에서는 주로 '스페샬', '스페샤'라고 부른다.

양생

양생은 콘크리트 치기가 끝난 후 온도, 하중, 오손, 파손 등 유해한 영향을 받지 않도록 충분히 보호하고 관리하는 것으로, 보양(保養)이라고도 한다.

외벽방수

외벽방수는 외벽 시공 공법에 따라 차이가 있다. 외벽이 대리석 마감일 경우에는 균열은 없으나 실리콘 탈착으로 누수가 발생할 수 있다. 벽돌 마감일 경우에는 줄눈(메지)의 탈착으로 누수가 생길 수 있다. 드라이비트 마감은 균열과 파손 시 누수가 되며 쉽게 상할 수 있는 공법이기 때문에 지속적인 관리가 필요하다. 물론 어떤 공법이라도 하자가 전혀 없을 수는 없으므로 잘 관리해야 한다.

잡석다짐

지면을 평평하고 단단하게 다지기 위해 잡석을 다지는 것을 잡석다짐이라고 한다.

재물방수

재물방수는 옥상 콘크리트를 타설한 후 콘크리트가 굳지 않은 상태에서 방수액을 포설하고, 표면을 방수액과 콘크리트를 믹싱해서 미장 칼로 정리하면서 물구배를 잡아 미장을 완료하는 방수방법이다. 타설 전에 미리 콘크리트에 방수액을 섞어 충분히 믹싱해 타설하는 방법도 있다.

정화조공사

오수(똥물, 생활하수 등)와 우수(빗물, 지하수 등)를 합쳐 하수라고 하며, 집 안에서 오수정화조까지 연결된 관을 오수관, 오수정화조로부터 외부로 나가는 관을 하수관, 우수가 흐르는 길을 배수로(땅속은 우수관)라고 한다. 정화조와 오수처리시설을 합쳐 개인하수처리시설이라 하는데 오수를 배출하는 건물은 개인하수처리시설을 설치해야 한다.

조경공사

조경공사는 건축 시 용도지역 및 건축물이 일정 규모 이상이 되면 법정면적 이상의 조경시설을 설치해야 한다.

조인트방수

골조 시공 시 누수에 가장 취약한 부분이 시공 이음 부분이다. 바닥 구조와 벽체 구조 슬래브와 수직 옹벽 등의 연결 부분, 조인트 부분(이음새)을 한 번 더 미장 처리해주는 방법이다.

조적공사

건물 내부와 외부에 벽돌, 석재 등을 쌓아 올리는 공정을 조적공사라고 한다. 외벽 시공을 대리석이 아닌 벽돌로 시공할 수 있고 건물 내부에 필요한 공간을 만들거나 구조를 변경할 때도 벽돌 시공이 가능하다.

줄눈(메지)

줄눈(masonry joint)은 메지라고도 하며 돌, 벽돌, 타일 등의 이음새로 벽돌을 쌓을 경우 접합부의 틈을 말한다. 이 틈새에 몰탈 등을 메워 치장하는 것을 줄눈마감이라고 하는데, 현장에서는 접합부의 틈에 메워 치장하는 것을 총칭해서 줄눈이라고 한다.

지정공사

지정은 건축물 같은 구조체를 지지하기 위한 기초 슬래브의 하부를 지칭하는 동시에, 이를 위한 공사의 의미도 포함하고 있다. 터파기, 잡석다짐, 버림 콘크리트(밑창 콘크리트) 등이 있으며 '버림친다'라고 표현한다.

진동 바이브레이터

콘크리트를 거푸집 면에 골고루 채우기 위해 직접 진동을 주어서 고루 퍼지게 하는 진동기다.

천장덴조공사

덴조는 천장을 의미하는 일본어로, 반자라고도 하는데 건축에서는 천장에 나무를 대서 평평하게 해주는 작업을 의미한다.

철근 콘크리트 공사(골조공사)

철근 콘크리트 공사를 골조공사라 하며 거푸집 및 기초 철근 설치, 기초 철근 콘크리트, 기둥, 바닥 콘크리트 타설, 방수공사까지 포함된다. 철근 콘크리트 공사의 첫 번째 단계는 거푸집 및 기초 철근 설치다.

코너비드

코너비드는 모서리쇠라고도 하며 미장 마감의 바름벽 구석을 보호하기 위한 막대 모양의 철물이다.

타설

타설은 건축물의 공사에서 콘크리트를 공사 위치까지 콘크리트를 보내는 공법을 말한다.

터파기

꼬마빌딩을 건축할 때 건축물의 기초를 구축하기 위해 지면의 흙을 파내는 것을 터파기라고 한다.

파벽돌

파벽돌은 원래는 낡은 집을 허물어 생긴 벽돌로 깨어지거나 부서져 못 쓰게 된 벽돌이다. 최근에는 자연석분과 모래, 시멘트, 경량골재, 무기질 안료 등을 혼합해 다양한 형태와 색상으로 제품화한 것들이 나오면서 인조석의 한 종류로 인정받고 있다.

폼 타이(form tie)

거푸집(폼)의 간격을 유지하면서 벌어지는 것을 방지하는 건축자재다.

형틀(form)

형틀은 콘크리트를 흘려 넣는 틀로, 거푸집이라고 한다.

꼬마빌딩 건축과정
한눈에 보기

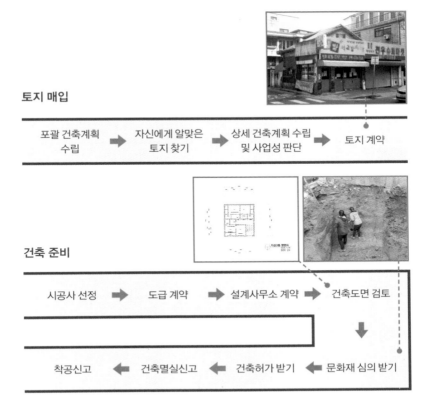

토지 매입

포괄 건축계획 수립 ➡ 자신에게 알맞은 토지 찾기 ➡ 상세 건축계획 수립 및 사업성 판단 ➡ 토지 계약

건축 준비

시공사 선정 ➡ 도급 계약 ➡ 설계사무소 계약 ➡ 건축도면 검토

⬇

착공신고 ⬅ 건축멸실신고 ⬅ 건축허가 받기 ⬅ 문화재 심의 받기

건축

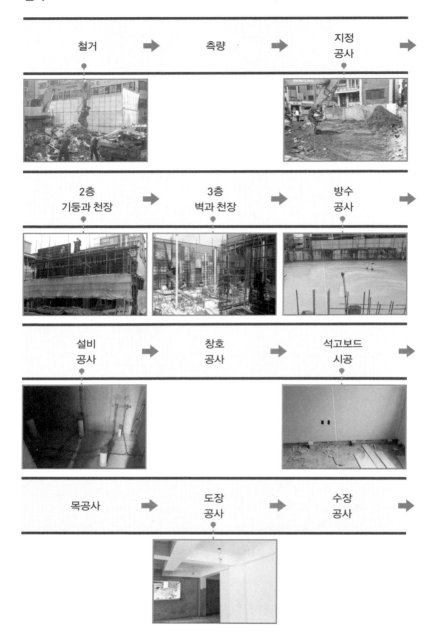

철거 ➡ 측량 ➡ 지정
공사 ➡

2층 ➡ 3층 ➡ 방수
기둥과 천장 벽과 천장 공사 ➡

설비 ➡ 창호 ➡ 석고보드
공사 공사 시공 ➡

목공사 ➡ 도장 ➡ 수장
공사 공사 ➡

거푸집과
기초 철근 설치 ➡️ 기초 콘크리트
타설과 먹줄치기 ➡️ 1층
기둥과 천장 ➡️

철근 콘크리트
공사 완료 ➡️ 단열재
시공 ➡️ 외벽
시공 ➡️

조적 공사와
미장공사 ➡️ 바닥
미장공사 ➡️ 타일
공사 ➡️

기타
마무리 공사 ➡️ 사용승인
신청 ┄┄┄

문서 열람 및 발급
가능한 기관

발급·신청 서류	열람기관	비고
등기부등본	대법원 인터넷등기소(www.iros.go.kr)	
토지이용계획 확인원	토지이용규제정보서비스(luris.molit.go.kr)	
토지대장, 건축물대장	정부24(www.gov.kr)	
문화재 심의 (문화재현상 변경허가)	각 지자체 역사문화재과	
건축허가	각 지자체 건축과	
가스 철거 및 신청	• 서울 및 경기도 일부 지역 : 코원에너지 서비스(www.skens.com/koone/main/ index.do) • 경기·인천 지역 : 삼천리도시가스(www. samchully.co.kr)	서울은 각 구마다 서비스 업체가 다르 기 때문에 관할구 에 확인이 필요함

발급·신청 서류	열람기관	비고
전기 철거 및 신청	각 지자체 한국전력공사(123)	
급수공사신청 (상수도 인입)	각 지자체 수도사업소	
정보통신 사용 전 검사	각 지자체 정보통신과	

건축물 철거	• 각 지자체 건축과
	• 석면사전조사 : 각 지자체 환경과 결과서
	  제출
	• 건설폐기물 처리계획 : 각 지자체 자원순
	  환과 확인서 제출	

건축물대장 말소신청	• 각 지자체 건축과(처리부서는 각 지자체 토 지관리과) • 건축행정시스템 세움터(www.eais.go.kr)	
건축물멸실등기 신청	각 지자체 건축과. 법원에서 등기촉탁서비스 가능	구청에 파견업무를 하고있어 각 자지체 에 신청해도 됨
착공신고	각 지자체 건축과	
정화조 설치신고 (용량, 오수 배관, 방수, 재질 및 처리공법 등)	각 지자체 환경과	
하수관 인입 신고, 배수설비(생활오수, PVC관, 하수관)	각 지자체 치수과	
도로 및 도로시설물 (도로시설물(경계석) 적정시공 여부, 도로포장 적정 여부, 도로 손궤 여부, 기타 도로 분야)	각 지자체 도로과	
건물번호 부여	각 지자체 토지관리과	
사용승인 신청	각 지자체 건축과	구청마다 부서 명칭 은다를 수 있음

월 1,000 버는 꼬마빌딩 잘 사서 잘 짓는 법

초판 1쇄 발행 2018년 4월 20일 | **초판 3쇄 발행** 2018년 6월 4일 | **지은이** 김인만·이은홍

펴낸곳 원앤원북스 | **펴낸이** 오운영

경영총괄 박종명 | **편집** 김효주·최윤정·이광민

등록번호 제2018-000058호 | **등록일자** 2018년 1월 23일

주소 04091 서울시 마포구 토정로 222. 306호(신수동, 한국출판콘텐츠센터)

전화 (02)719-7735 | **팩스** (02)719-7736 | **이메일** onobooks2018@naver.com

값 15,000원

ISBN 979-11-963418-3-1 03320

이 도서의 국립중앙도서관 출판예정도서목록(CIP)은 서지정보유통지원시스템 홈페이지(http://seoji.nl.go.kr)와 국가자료공동목록시스템(http://www.nl.go.kr/kolisnet)에서 이용하실 수 있습니다.(CIP제어번호: CIP2018009587)